KARAMEL ÇILGININ DÜNYASI

Karamel İyiliği ile 100 Çöken Tatlı ve Tuzlu Yemek

Sudenaz Sari

Telif Hakkı Malzemesi ©2024

Her hakkı saklıdır

Bu kitabın hiçbir bölümü, incelemede kullanılan kısa alıntılar dışında, yayıncının ve telif hakkı sahibinin uygun yazılı izni olmadan, hiçbir şekilde veya yöntemle kullanılamaz veya aktarılamaz . Bu kitap tıbbi, hukuki veya diğer profesyonel tavsiyelerin yerine geçmemelidir .

İÇİNDEKİLER

İÇİNDEKİLER 3
GİRİİŞ 6
KARAMEL KAHVALTI 7
  1. Karamel Cevizli Yapışkan Çörekler 8
  2. Karamelize Soğan ve Gruyère Brioche Tart 10
  3. Karamelli Muzlu Krep 12
  4. Cevizli Cevizli Karamelli Börek 14
  5. Karamel Dolgulu Krep 16
  6. Sarhoş S'more Pop Tart 18
  7. Karamelli Fransız Tostu Güveç 21
  8. Karamelli Elma Yulaf Ezmesi 23
  9. Karamelli Muzlu Smoothie Kasesi 25
  10. Karamelli Macchiato Gecelik Yulaf 27
  11. Karamelli Girdap Kahveli Kek 29
  12. Karamelize Muzlu Krep 31
  13. Karamelize Armutlu ve Cevizli Çörekler 33
  14. Karamelize Muzlu Ekmek 35
  15. Karamelli Elmalı Tarçınlı Rulolar 37
  16. Karamelize Muzlu Kahvaltı Kinoa 39
  17. Karamelli Cevızlı Yapışkan Çörekler 41
KARAMELLİ ATIŞTIRMALIKLAR 44
  18. Karamelli Patlamış Mısır 45
  19. Tuzlu Karamelli Çikolatalı Yastıklar 47
  20. Karamel Dolgulu Churros 49
  21. Skittles Karamel Karışımı 52
  22. Tuzlu Karamelli Makaron 54
  23. Karamel Cevizli Sandies 57
  24. Biscoff Karamelli Kurabiye Barları 60
  25. Tuzlu Karamel ve Limonlu Madeleinler 62
  26. Tuzlu Karamelli Elmalı Krispy İkramları 65
  27. Tuzlu Karamelli ve Cevizli Pirinç Krispies 68
  28. Tuzlu Karamelli Sarışınlar 71
  29. Tuzlu Karamelli Patlamış Mısır Sufle 73
  30. Karamel ve Çikolata Kaplı Krakerler 76
  31. Karamelli Elma Dilimleri 78
  32. Karamelli Pirinç Keki Lokmaları 80
  33. Karamelli Hurma Dolması 82
  34. Karamelli Pretzel Çubukları 84
TATLI 86
  35. Cadbury Karamelli Cheesecake 87

36. Elmalı Karamelli Ters Kek 89
37. Karamel Vanilyalı Espresso Cupcakes 92
38. Çikolatalı ve Karamelli Mousse Tiramisu 95
39. Snicker Karamelli Elmalı Turta 98
40. Karamelli Patlamış Mısır Ekstravaganza Cupcakes 101
41. Tuzlu Karamel ve Fındık Dakuaz 104
42. Tuzlu Karamelli Elmalı Turta 109
43. Klasik Fransız Crème au Caramel 112
44. Türk Fındıklı Karamelli Sütlaç 115
45. Karamelli Macchiato Mus 117
46. Karamelli Portakallı Bavarois 119
47. Biberiye Karamel Pot de Crème 122
48. Tiramisu Turtası 124
49. Karamel Soslu Waffle Dondurma 126
50. Banana Karamel Kremalı Kreps 128
51. Cevizli ve Karamelli Dondurmalı Sandviçler 132
52. Yanmış Karamelli Bourbon ve Şekerleme Dondurma 134
53. Karamel Macchiato Affogato 137
54. Karamelli Gelato 139
55. Hindistan Cevizli-Cajeta Rulo Dondurma 141
56. Dulce de Leche Baileys Pops 143
57. Karamelli Çikolatalı Ekler 145
58. Kahve Karamel Ayna Sırlı Eklerler 147
59. Cevizli Karamelli Ekler 150
60. Tuzlu Karamel Soslu Elmalı Sufle 153
61. Manolyalı Karamelli Bundt Kek 156
62. Karamel Macchiato Tres Leches Kek 159
63. Kahve-Karamel Soslu Tostada Sundae 162
64. Karamelli İsviçre Rulosu 164
65. Kahve-Karamelli Swiss Roll 166

ŞEKER 169

66. Tuzlu Fıstıklı Guinness Karamelleri 170
67. Tereyağlı Rum Karamelleri 172
68. Espresso Likör Karamelleri 174
69. Kapuçino Karamelleri 177
70. Tuzlu Viski Karamelleri 179
71. Hindistan Cevizli Karamel Kümeleri 181
72. Karamelli Elma Lolipopları 183
73. Karamelli Fındık Salkımları 185
74. Karamelli Marshmallow Pops 187

BAHARATLAR 189

75. Tuzlu Karamelli Ganaj 190
76. Karamelli Krema 192

77. KARAMELİZE BEYAZ ÇİKOLATALI GANAJ 194
78. DALGONA KARAMEL SOS 196
79. TUTKU MEYVELİ KARAMEL SOSU 198
80. KAHLUA KARAMEL SOSU 200
81. KARAMELLİ PEKAN SOSU 202
82. KAHVE-KARAMEL SOS 204
83. MANDALİNA KARAMEL SOSU 206
84. GÖKSEL KARAMEL SOS 208
85. KARAMELLİ ELMA EZMESİ 210
86. KARAMELİZE SOĞAN REÇELİ 212
87. KARAMELLİ BARBEKÜ SOSU 214
88. KARAMELİZE İNCİR REÇELİ 216

KOKTEYLLER VE MOKTEYLLER 218

89. DALGONA KARAMELLİ FRAPPUCCİNO 219
90. TUZLU KARAMELLİ BEYAZ SICAK KAKAO 221
91. BAİLEYS TUZLU KARAMELLİ MARTİNİ KOKTEYLİ 223
92. YANMIŞ KARAMEL MANHATTAN 225
93. KARAMELLİ ELMALI MARTİNİ 227
94. KARAMEL BEYAZ RUS 229
95. KARAMELLİ ESPRESSO MARTİNİ 231
96. TUZLU KARAMEL KREMALI SODA 233
97. KARAMELİZE ANANASLI RUM PUNCH 235
98. KARAMELLİ MOCHA MARTİNİ 237
99. KARAMELİZE ARMUT MOJİTO 239
100. KARAMELLİ ELMA MAYTAP 241

ÇÖZÜM 243

GİRİŞ

Tatlılığın lezzet senfonisinde sofistikelikle buluştuğu "Karamel Çılgınlığı Dünyası"na adım atın. Karamel, zengin tereyağlı tadı ve karşı konulmaz aromasıyla yüzyıllardır dünyanın her yerinde damak zevkini büyülemiştir. Bu yemek kitabında sizi, iştahınızı tatmin edecek ve mutfak hayal gücünüzü ateşleyecek 100 leziz tatlı ve lezzetli yemekle karamelin sonsuz olanaklarını keşfetmeye davet ediyoruz.

Kadifemsi karamel soslardan yapışkan karamel dolgulu ikramlara, iştah açıcı karamel sırlı etlerden hoş karamel katkılı kokteyllere kadar bu koleksiyonda herkes için bir şeyler var . İster deneyimli bir fırıncı, ister tutkulu bir ev aşçısı, ister sadece tatlıya düşkün biri olun, "Karamel Çılgınlığı Dünyası" duyularınızı memnun etmeyi ve yemek pişirme becerilerinizi yeni boyutlara taşımayı vaat ediyor.

Ancak karamel, tatlı bir zevkten daha fazlasıdır; her yemeğe derinlik, zenginlik ve karmaşıklık katan bir mutfak harikasıdır. Bu yemek kitabında karamelleştirme sanatını, şeker bilimini ve karamelin hem tatlı hem de tuzlu tarifleri zenginleştirmesinin sonsuz yollarını keşfedeceğiz . İster dondurmanın üzerine gezdirin , ister kek hamuruna katlayın, ister kavrulmuş bir tavuğu süslemek için kullanın, karamel sıradan yemekleri olağanüstü mutfak deneyimlerine dönüştürme gücüne sahiptir.

Yani , ister özel bir günü kutluyor olun, ister bir akşam yemeği partisine ev sahipliği yapıyor olun, ya da sadece kendinizi biraz şımartıyor olun, "Karamel Çılgınlığı Dünyası" sizi her lokmada karamel büyüsünün tadını çıkarmaya davet ediyor.

KARAMEL KAHVALTI

1. Karamel Cevizli Yapışkan Çörekler

İÇİNDEKİLER:
- 1 paket buzdolabında soğutulmuş hilal rulo hamuru
- 1/4 bardak karamel sosu
- 1/4 su bardağı kıyılmış ceviz
- 1/4 su bardağı esmer şeker
- 2 yemek kaşığı tereyağı, eritilmiş

TALİMATLAR:
a) Fırınınızı önceden 375°F (190°C) ısıtın. Muffin kalıbını yağlayın.
b) Hilal şeklinde rulo halindeki hamurları açıp üçgenlere ayırın.
c) Her üçgeni eritilmiş tereyağıyla fırçalayın.
ç) Her üçgenin üzerine esmer şekeri ve doğranmış cevizleri serpin.
d) Her üçgeni geniş kısmından başlayarak hilal şeklinde rulo yapın.
e) Rulo yaptığınız her ay şeklinde ruloyu yağlanmış muffin kalıbına yerleştirin.
f) Her rulonun üzerine karamel sosunu gezdirin.
g) Önceden ısıtılmış fırında 12-15 dakika veya altın rengi kahverengi olana kadar pişirin.
ğ) Servis yapmadan önce yapışkan çöreklerin hafifçe soğumasını bekleyin.

2. Karamelize Soğan ve Gruyère Brioche Tart

İÇİNDEKİLER:
- 3 ¼ bardak çok amaçlı un
- ¼ bardak şeker
- 1 çay kaşığı tuz
- 1 paket aktif kuru maya
- ½ bardak ılık süt
- 3 büyük yumurta
- ½ bardak tuzsuz tereyağı, yumuşatılmış
- 2 büyük soğan, ince dilimlenmiş ve karamelize edilmiş
- 1 su bardağı rendelenmiş Gruyère peyniri

TALİMATLAR:
a) Ilık süt ve mayayı karıştırıp köpürtelim.
b) Un, şeker ve tuzu birleştirin. Maya karışımını, yumurtaları ve yumuşatılmış tereyağını ekleyin. Pürüzsüz olana kadar yoğurun.
c) Karamelize soğanları ve rendelenmiş Gruyère peynirini yavaşça katlayın.
ç) Mayalanmasını bekleyin, hamuru açın ve tart kalıbına yerleştirin.
d) Tekrar yükselmesine izin verin, ardından 190°C'de (375°F) 30-35 dakika pişirin.

3.Karamelli Muzlu Krep

İÇİNDEKİLER:
- 1 fincan çok amaçlı un
- 1 yemek kaşığı şeker
- 1 çay kaşığı kabartma tozu
- 1/2 çay kaşığı karbonat
- 1/4 çay kaşığı tuz
- 1 bardak ayran
- 1 yumurta
- 2 yemek kaşığı eritilmiş tereyağı
- 2 adet olgun muz, dilimlenmiş
- Üzeri için karamel sos

TALİMATLAR:
a) Bir karıştırma kabında un, şeker, kabartma tozu, kabartma tozu ve tuzu birleştirin.
b) Başka bir kapta ayran, yumurta ve eritilmiş tereyağını birlikte çırpın.
c) Islak malzemeleri kuru malzemelerin içine dökün ve birleşene kadar karıştırın.
ç) Bir ızgarayı veya tavayı orta ateşte ısıtın ve tereyağı veya pişirme spreyi ile hafifçe yağlayın.
d) Her gözleme için 1/4 bardak hamuru ızgaraya dökün.
e) Her krepin üzerine birkaç muz dilimi yerleştirin.
f) Yüzeyde kabarcıklar oluşana kadar pişirin, ardından çevirin ve altın rengi kahverengi olana kadar pişirin.
g) Kreplerin üzerine karamel sos gezdirerek servis yapın.

4.Cevizli Cevizli Karamelli Börek

İÇİNDEKİLER:
- ½ bardak süt
- 5 yumurta
- ⅓ su bardağı şeker
- 3 ½ su bardağı çok amaçlı un
- 1 ½ çay kaşığı aktif kuru maya
- ½ çay kaşığı tuz
- 1 su bardağı kıyılmış ceviz
- 1 su bardağı dondurulmuş tereyağı, doğranmış
- ½ su bardağı karamel sosu
- 1 yumurta (sır için)

TALİMATLAR:
a) Ekmek makinesinde süt, yumurta, şeker, un, maya ve tuzu birleştirin.
b) İlk yoğurmanın ardından doğranmış dondurulmuş tereyağını ekleyin.
c) Ekmek makinesinin hamur döngüsünü tamamlamasına izin verin.
ç) Hamuru çıkarın, mutfak filmiyle sarın ve bir gece buzdolabında bekletin.
d) Pişirmeden önce hamuru ılık bir yerde 1 saat kadar dinlendirin.
e) Hamuru 12 eşit parçaya bölün.
f) Büyük hamur parçalarını küreler halinde şekillendirin ve bunları tereyağlı kek pişirme kaplarına yerleştirin.
g) Kıyılmış cevizleri hamurun içine karıştırın.
ğ) Hamuru 12 parçaya bölün ve tereyağlı kek kalıplarına yerleştirin.
h) Derinleşme oluşturmak için her büyük kürenin ortasına basın.
ı) Derinliği bir çiseleyen karamel sosuyla doldurun.
i) Üzerini bir havluyla örtün ve kabarması için bir saat daha bekletin.
j) Fırını önceden 350°F'ye (180°C) ısıtın.
k) Bir yumurtayı çırpın ve her bir çörek yüzeyini yumurta yıkamasıyla fırçalayın.
l) 15-20 dakika veya altın rengi kahverengi olana kadar pişirin.
m) Fındıklı Cevizli Karamelli Brioche'yi tel ızgara üzerinde soğutun.

5. Karamel Dolgulu Krep

İÇİNDEKİLER:
- 1 bardak Süt
- 1 su bardağı Un
- 4 yemek kaşığı Karamel
- 2 yemek kaşığı Tereyağı
- 1 yemek kaşığı Şeker
- 2 yumurta

TALİMATLAR:
a) Orta boy bir kapta, karamel dışındaki tüm malzemeleri iyice karışana kadar birleştirin.
b) Bir tavayı veya tavayı orta ateşte ısıtın. ¼ bardak hamuru tavaya dökün.
c) Krepin ortasına az miktarda karamel koyun ve daha fazla hamurla kaplayın.
ç) Her tarafı yaklaşık 2-3 dakika olmak üzere, altın rengi kahverengi olana kadar pişirin.

6.Sarhoş S'more Pop Tart

İÇİNDEKİLER:
ÇİKOLATA KARAMELLİ BOURBON POP TARTLARI İÇİN:
- 2 kutu pasta hamuru
- 2 adet Hershey Çikolata
- 2 bardak karamel sosu (mağazadan satın alınmış veya ev yapımı)
- 1 yemek kaşığı burbon
- 1 yumurta
- 1 yemek kaşığı su

POP TART MARSHMALLOW SIRASI İÇİN:
- ¼ su bardağı pudra şekeri
- 2 tepeleme bardak marshmallow (yaklaşık 20 normal boy marshmallow)
- ¼ bardak tam yağlı süt

TALİMATLAR:
a) Fırını önceden 450 dereceye ısıtın ve bir kurabiye tepsisini parşömen kağıdıyla kaplayın. Bir kenara koyun.

b) turta kabuklarını açın ve pop tartlar için dikdörtgenler oluşturun. Bir pasta kabuğu sayfasından, kutu başına toplam 8 dikdörtgen olmak üzere 4 dikdörtgen oluşturun. Toplamda 16 dikdörtgen (veya çift sayı) hedefleyin. Dikdörtgenleri bir kenara koyun.

c) İki bardak karamel sosuna 1 çorba kaşığı burbon ekleyerek burbon karamel sosunu oluşturun. Tercihe göre burbon miktarını ayarlayarak iyice karıştırın.

ç) Çerez sayfasına 8 dikdörtgen yerleştirerek birleştirin. 4 dikdörtgen çikolata ekleyin ve üstüne bir çorba kaşığı karamel sosu ekleyin.

d) Kalan 8 dikdörtgeni dolgunun üzerine yerleştirin ve pop tartları kapatmak için kenarlarından bir çatalla bastırın. Bir yumurtayı bir kaseye kırıp, bir çorba kaşığı su ekleyerek ve birlikte çırparak yumurta yıkamasını hazırlayın.

e) Pop tartları fırına yaklaşık 8 dakika yerleştirmeden önce üstlerine yumurta akı sürün.

f) Fırından çıkarın, kıvrımlı kenarları folyoyla kapatın ve üstleri altın rengi kahverengi olana kadar 2 dakika daha pişirin. Pop tartların bir rafta soğumasına izin verin.

g) Pop tartlar pişerken sırını hazırlayın. Mikrodalgada ısıtılabilen bir kapta süt ve marshmallowları karıştırın, mikrodalgada yaklaşık 30 saniye ısıtın. Pürüzsüz olana kadar karıştırın. Gerekirse, tamamen eriyene kadar 15 saniyelik aralıklarla mikrodalgada ısıtın.

ğ) Pudra şekeri birleşene kadar karıştırın. Bir kenara koyun.

h) Pop tartlar piştikten sonra kremayı üzerlerine dökün ve çikolata parçacıklarını serpin. Keyifli Sarhoş S'more Pop Tart'ların tadını çıkarın!

7.Karamelli Fransız Tostu Güveç

İÇİNDEKİLER:
- 1 somun Fransız ekmeği, dilimlenmiş
- 4 yumurta
- 1 bardak süt
- 1 çay kaşığı vanilya özü
- 1/2 su bardağı karamel sosu
- 1/2 su bardağı kıyılmış ceviz (isteğe bağlı)
- Üzeri için pudra şekeri

TALİMATLAR:
a) Fırınınızı önceden 350°F (175°C) ısıtın. 9x13 inçlik bir pişirme kabını yağlayın.
b) Dilimlenmiş Fransız ekmeğini hazırlanan pişirme kabına yerleştirin.
c) Bir karıştırma kabında yumurtaları, sütü ve vanilya özünü birlikte çırpın.
ç) Yumurta karışımını ekmek dilimlerinin üzerine dökün, her dilimin kaplandığından emin olun .
d) Karamel sosunu ekmek dilimlerinin üzerine gezdirin, ardından kullanıyorsanız doğranmış cevizleri serpin.
e) Önceden ısıtılmış fırında 30-35 dakika veya Fransız tostu altın rengi kahverengi olana ve pişene kadar pişirin.
f) İsteğe göre üzerine pudra şekeri serperek sıcak servis yapın.

8. Karamelli Elma Yulaf Ezmesi

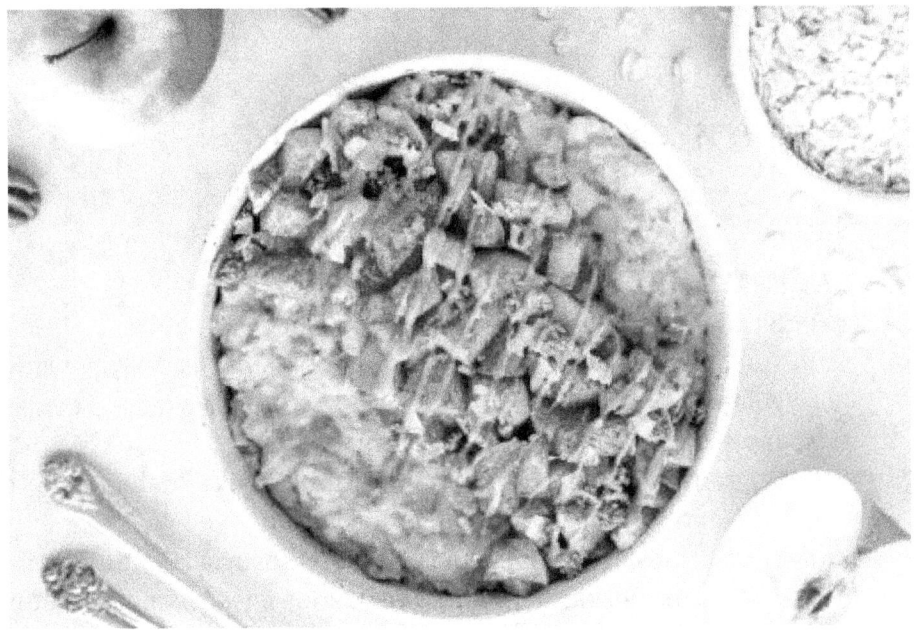

İÇİNDEKİLER:
- 1 su bardağı eski moda yulaf
- 2 su bardağı su veya süt
- Bir tutam tuz
- 1 elma, doğranmış
- 2 yemek kaşığı karamel sosu
- 2 yemek kaşığı kıyılmış fındık veya ceviz
- Tarçın (isteğe bağlı)

TALİMATLAR:
a) Bir tencerede suyu veya sütü kaynatın.
b) Yulaf ve tuzu karıştırın, ardından ısıyı orta-düşük seviyeye indirin.
c) Yulafları ara sıra karıştırarak yaklaşık 5 dakika veya koyulaşana kadar pişirin.
ç) Doğranmış elmayı karıştırın ve 2-3 dakika daha veya elma yumuşayana kadar pişirmeye devam edin.
d) Yulaf ezmesini ocaktan alın ve karamel sosuyla karıştırın.
e) Yulaf ezmesini kaselere bölün ve üzerine kıyılmış fındık ve istenirse bir tutam tarçın serpin.
f) Sıcak servis yapın ve karamelli elmalı yulaf ezmesinin tadını çıkarın!

9.Karamelli Muzlu Smoothie Kasesi

İÇİNDEKİLER:

- 2 olgun muz, dondurulmuş
- 1/2 bardak Yunan yoğurdu
- 1/4 su bardağı çikolatalı süt
- 2 yemek kaşığı karamel sosu
- Üst Malzemeler: dilimlenmiş muz, granola, doğranmış fındık, çiseleyen karamel sos

TALİMATLAR:

a) Dondurulmuş muzları, Yunan yoğurtunu, çikolatalı sütü ve karamel sosunu bir karıştırıcıda birleştirin.
b) Pürüzsüz ve kremsi olana kadar karıştırın.
c) Smoothie'yi bir kaseye dökün.
ç) Üzerine dilimlenmiş muz, granola, doğranmış fındık ve fazladan çiseleyen karamel sos ekleyin.
d) Lezzetli karamelli muzlu smoothie kasenizin tadını çıkarın!

10.Karamelli Macchiato Gecelik Yulaf

İÇİNDEKİLER:
- 1/2 bardak haddelenmiş yulaf
- 1/2 bardak süt (herhangi bir tür)
- 1/4 fincan demlenmiş kahve, soğutulmuş
- 1 yemek kaşığı karamel sosu
- 1 yemek kaşığı kıyılmış ceviz veya badem
- İsteğe bağlı: dilimlenmiş muz veya diğer meyveler

TALİMATLAR:
a) Bir kavanoz veya kapta yulaf ezmesini, sütü, demlenmiş kahveyi ve karamel sosunu birleştirin.
b) Her şeyi birbirine karıştırmak için iyice karıştırın.
c) Kavanozu kapatın ve gece boyunca veya en az 4 saat buzdolabında saklayın.
ç) Sabah yulafları karıştırın.
d) İstenirse üzerine doğranmış fındık ve dilimlenmiş muz veya başka meyveler ekleyin.
e) Kremalı ve hoşgörülü karamelli macchiato'nun gece boyunca tadını çıkarın!

11.Karamelli Girdap Kahveli Kek

İÇİNDEKİLER:
- 2 fincan çok amaçlı un
- 1 su bardağı şeker
- 1/2 bardak tereyağı, yumuşatılmış
- 1 su bardağı ekşi krema
- 2 yumurta
- 1 çay kaşığı vanilya özü
- 1 çay kaşığı kabartma tozu
- 1/2 çay kaşığı karbonat
- 1/4 çay kaşığı tuz
- 1/4 bardak karamel sosu

TALİMATLAR:
a) Fırınınızı önceden 350°F (175°C) ısıtın. 9x13 inçlik bir pişirme kabını yağlayın.
b) Bir karıştırma kabında tereyağını ve şekeri hafif ve kabarık olana kadar krema haline getirin.
c) Yumurtaları birer birer çırpın, ardından ekşi krema ve vanilya özütünü ekleyerek karıştırın.
ç) Ayrı bir kapta un, kabartma tozu, kabartma tozu ve tuzu birleştirin.
d) Kuru malzemeleri yavaş yavaş ıslak malzemelere ekleyin ve birleşene kadar karıştırın.
e) Hazırlanan pişirme kabına hamurun yarısını yayın.
f) Karamel sosun yarısını hamurun üzerine gezdirin.
g) Kalan hamur ve karamel sosuyla aynı işlemi tekrarlayın.
ğ) Karamel sosunu hamurun içine döndürmek için bir bıçak kullanın.
h) Önceden ısıtılmış fırında 30-35 dakika veya ortasına batırdığınız kürdan temiz çıkana kadar pişirin.
ı) Kahveli keki dilimleyip servis etmeden önce soğumasını bekleyin.

12. Karamelize Muzlu Krep

İÇİNDEKİLER:
- 1 fincan çok amaçlı un
- 2 yumurta
- 1/2 su bardağı süt
- 1/2 su bardağı su
- 2 yemek kaşığı tereyağı, eritilmiş
- 1 yemek kaşığı şeker
- Bir tutam tuz
- 2 adet olgun muz, dilimlenmiş
- 1/4 bardak karamel sosu
- İsteğe bağlı malzemeler: krem şanti, pudra şekeri, kıyılmış fındık

TALİMATLAR:
a) Bir karıştırıcıda un, yumurta, süt, su, eritilmiş tereyağı, şeker ve tuzu birleştirin.
b) Pürüzsüz olana kadar karıştır.
c) Hafifçe yağlanmış yapışmaz bir tavayı orta ateşte ısıtın.
ç) Tavaya yaklaşık 1/4 bardak hamur dökün, altını eşit şekilde kaplayacak şekilde döndürün.
d) 2-3 dakika veya kenarlar tavadan kalkmaya başlayana kadar pişirin.
e) Krepi çevirin ve 1-2 dakika daha pişirin.
f) Krepi tavadan çıkarın ve kalan hamurla aynı işlemi tekrarlayın.
g) Servis yapmak için her krepin ortasına dilimlenmiş muzları yerleştirin, karamel sosu gezdirin ve katlayın veya yuvarlayın.
ğ) İstenirse üzerine ilave karamel sosu, çırpılmış krema, pudra şekeri ve kıyılmış fındık ekleyin.
h) Sıcak servis yapın ve karamelize muzlu kreplerinizin tadını çıkarın!

13. Karamelize Armutlu ve Cevizli Çörekler

İÇİNDEKİLER:
- 2 fincan çok amaçlı un
- 1/4 su bardağı toz şeker
- 1 yemek kaşığı kabartma tozu
- 1/2 çay kaşığı tuz
- 1/2 bardak tuzsuz tereyağı, soğuk ve küp şeklinde
- 2/3 bardak ağır krema
- 1 yumurta
- 1 çay kaşığı vanilya özü
- 1 olgun armut, doğranmış
- 1/2 su bardağı kıyılmış ceviz
- Üzerine sürmek için karamel sos

TALİMATLAR:
a) Fırınınızı önceden 200°C'ye (400°F) ısıtın ve fırın tepsisini parşömen kağıdıyla kaplayın.
b) Büyük bir karıştırma kabında un, şeker, kabartma tozu ve tuzu birlikte çırpın.
c) Soğuk küp küp tereyağını kuru malzemelere ekleyin ve bir pasta kesici veya çatal kullanarak tereyağını un karışımına iri kırıntılara benzeyene kadar kesin.
ç) Ayrı bir kapta kremayı, yumurtayı ve vanilya özünü birlikte çırpın.
d) Islak malzemeleri kuru malzemelerin içine dökün ve birleşene kadar karıştırın.
e) Doğranmış armutları ve kıyılmış cevizleri yavaşça katlayın.
f) Hamuru hafifçe unlanmış bir yüzeye çevirin ve yaklaşık 1 inç kalınlığında bir daireye hafifçe vurun.
g) Hamuru 8 parçaya bölün ve hazırlanan fırın tepsisine aktarın.
ğ) 15-18 dakika veya çörekler altın rengi kahverengi olana kadar pişirin.
h) Karamel sosu gezdirmeden önce çöreklerin hafifçe soğumasını bekleyin.
ı) Sıcak servis yapın ve karamelize armut ve cevizli çöreklerinizin tadını çıkarın!

14.Karamelize Muzlu Ekmek

İÇİNDEKİLER:

- 3 olgun muz, püresi
- 1/2 su bardağı tuzsuz tereyağı, eritilmiş
- 1/2 su bardağı toz şeker
- 1/2 su bardağı esmer şeker
- 2 yumurta
- 1 çay kaşığı vanilya özü
- 1 1/2 bardak çok amaçlı un
- 1 çay kaşığı karbonat
- 1/2 çay kaşığı tuz
- Üzerine sürmek için karamel sos

TALİMATLAR:

a) Fırınınızı 350°F (175°C)'ye önceden ısıtın ve 9x5 inçlik somun tepsisini yağlayın.

b) Büyük bir karıştırma kabında ezilmiş muzları, eritilmiş tereyağını, toz şekeri, esmer şekeri, yumurtaları ve vanilya özünü birleştirin.

c) Ayrı bir kapta un, kabartma tozu ve tuzu birlikte çırpın.

ç) Kuru malzemeleri yavaş yavaş ıslak malzemelere ekleyin, birleşene kadar karıştırın.

d) Hazırladığınız kek kalıbına hamuru dökün ve üzerini spatulayla düzeltin.

e) 50-60 dakika veya ortasına batırdığınız kürdan temiz çıkana kadar pişirin.

f) Muzlu ekmeğin tavada 10 dakika soğumasını bekleyin ve ardından tamamen soğuması için tel rafa aktarın.

g) Soğuyan muzlu ekmeğin üzerine karamel sosunu gezdirin.

ğ) Lezzetli karamelize muzlu ekmeğinizi dilimleyin ve servis yapın!

15. Karamelli Elmalı Tarçınlı Rulolar

İÇİNDEKİLER:
- 1 paket (16 ons) soğutulmuş tarçınlı rulo hamuru
- 1 su bardağı doğranmış elma
- 1/2 su bardağı karamel sosu
- 1/4 su bardağı kıyılmış ceviz veya ceviz (isteğe bağlı)
- Üzerine serpmek için tarçın şekeri

TALİMATLAR:
a) Fırınınızı önceden 350°F (175°C)'ye ısıtın ve pişirme kabını hafifçe yağlayın.
b) Tarçınlı rulo hamurunu açın ve ruloları tek tek ayırın.
c) Her rulonun üzerine bir kaşık karamel sosu sürün.
ç) Karamel sosun üzerine doğranmış elmaları ve doğranmış fındıkları serpin.
d) Her tarçın rulosunu yuvarlayın ve hazırlanan pişirme kabına yerleştirin.
e) 20-25 dakika veya rulolar altın rengi kahverengi olana ve iyice pişene kadar pişirin.
f) Fırından çıkarın ve sıcak tarçınlı ruloların üzerine ilave karamel sosu gezdirin.
g) Servis yapmadan önce üzerine tarçın şekeri serpin.
ğ) Hoşgörülü karamelli elmalı tarçınlı rulolarınızın tadını çıkarın!

16. Karamelize Muzlu Kahvaltı Kinoa

İÇİNDEKİLER:
- 1 bardak kinoa, durulanmış
- 2 su bardağı su veya süt
- 2 adet olgun muz, dilimlenmiş
- 1/4 bardak karamel sosu
- Üzeri için kıyılmış fındık veya tohumlar (isteğe bağlı)

TALİMATLAR:
a) Bir tencerede kinoayı su veya sütle birleştirin. Kaynatın.
b) Isıyı en aza indirin, kapağını kapatın ve 15-20 dakika veya kinoa pişene ve sıvı emilene kadar pişirin.
c) Dilimlenmiş muzları ve karamel sosunu karıştırın.
ç) Muz iyice ısınana kadar 2-3 dakika daha pişirin.
d) Karamelize edilmiş muzlu kinoayı kaselerde servis edin.
e) İstenirse üzerine kıyılmış fındık veya tohum ekleyin.
f) Besleyici ve lezzetli karamelize muzlu kahvaltı kinoanızın tadını çıkarın!

17. Karamelli Cevizli Yapışkan Çörekler

İÇİNDEKİLER:
- ¼ ila ½ bardak ılık su
- 3 yemek kaşığı şeker
- 1 paket (yaklaşık 2 ¼ çay kaşığı) aktif kuru maya
- 1 yumurta, dövülmüş
- 2 ¼ bardak çok amaçlı un
- 2 yemek kaşığı anlık yağsız kuru süt
- 1 çay kaşığı tuz

KARAMEL TOPLAM:
- 3 yemek kaşığı eritilmiş tereyağı veya margarin
- 3 yemek kaşığı paketlenmiş esmer şeker
- 2 yemek kaşığı koyu mısır şurubu
- ¼ su bardağı kıyılmış ceviz

TALİMATLAR:
a) Yarım bardak ılık su, 1 yemek kaşığı şeker ve mayayı birleştirin. Mayayı eritmek için karıştırın ve kabarcıklı hale gelinceye kadar yaklaşık 5 dakika bekletin.

b) Çırpılmış yumurtayı karıştırın.

c) Mutfak robotunuza çelik bir bıçak takın. Unu, hazır kuru sütü, kalan 2 yemek kaşığı şekeri ve tuzu çalışma kasesine ölçün. Malzemeler karışana kadar yaklaşık 5 saniye işlem yapın.

ç) Mutfak robotunu açın ve maya karışımını besleme tüpünden yavaşça un karışımına dökün. Hamurun kasenin kenarlarını temizleyen bir top oluşturması için kalan suyu yavaş yavaş un karışımına dökün. Hamur kabın etrafında yaklaşık 25 kez dönene kadar işlem yapın.

d) Mutfak robotunu kapatın ve hamuru 1-2 dakika bekletin. Hamuru yumuşak, pürüzsüz ve saten fakat yapışkan olmayan bir hale getirmek için işlemciyi tekrar açın ve kalan suyu yavaş yavaş dökün. Hamur kabın etrafında yaklaşık 15 kez dönene kadar işlem yapın.

e) Mutfak robotunun kapağını kapatın ve hamurun kabarmaya başlayana kadar oda sıcaklığında beklemesini sağlayın; bu yaklaşık 30 dakika sürecektir.

f) Hamur kabarırken Karamelli Topping'i hazırlayın. Tepesini yağlanmış 9 inçlik yuvarlak bir kek veya pasta tepsisine dökün.

g) Hamur mayalandıktan sonra hafif yağlanmış tezgahta açın. 12 eşit parçaya bölün ve her parçayı top haline getirin. Her bir topu eritilmiş tereyağına batırın ve tavadaki Karamelli Topping'in üzerine yerleştirin. Boyutları iki katına çıkana kadar sıcak bir yerde bekletin, bu yaklaşık 1 saat sürecektir.

ğ) Fırınınızı 200°C'ye (400°F) önceden ısıtın. Çörekler kızarıncaya kadar pişirin, bu 10 ila 12 dakika sürecektir.

h) Çörekleri yaklaşık bir dakika soğutun, ardından servis tabağına ters çevirin. Bunları ılık veya oda sıcaklığında servis edin.

KARAMEL TOPLAM:

ı) Küçük bir tencerede esmer şekeri, tereyağını ve koyu mısır şurubunu birleştirin.

i) Karışım kabarcıklı hale gelinceye ve kahverengi şeker eriyene kadar sürekli karıştırarak orta ateşte pişirin.

j) Tencereyi ocaktan alıp kıyılmış ceviz veya cevizi ekleyip karıştırın.

k) Lezzetli ev yapımı Karamelli Yapışkan Çöreklerin tadını çıkarın!

KARAMELLİ ATIŞTIRMALIKLAR

18. karamelli patlamış mısır

İÇİNDEKİLER:

- ¼ bardak patlamış mısır taneleri
- ¼ fincan tuzsuz tereyağı
- ½ su bardağı esmer şeker
- ¼ bardak hafif mısır şurubu
- ¼ çay kaşığı tuz
- ¼ çay kaşığı karbonat
- ½ çay kaşığı vanilya özü

TALİMATLAR:

a) Patlamış mısır çekirdeklerini mikrodalga fırınınızın veya ocağınızın talimatlarına göre patlatın ve büyük bir kaseye koyun.

b) Mikrodalgaya dayanıklı bir kupada tereyağı, esmer şeker, mısır şurubu ve tuzu birleştirin.

c) Karışımı 2 dakika boyunca mikrodalgada tutun, karışım kabarcıklı hale gelinceye ve şeker eriyene kadar her 30 saniyede bir karıştırın.

ç) Kupayı mikrodalgadan çıkarın ve kabartma tozu ve vanilya özünü ekleyerek karıştırın. Karışım köpürecektir.

d) Karamel karışımını patlamış mısırın üzerine dökün ve patlamış mısır eşit şekilde kaplanana kadar karıştırın.

e) Patlamış mısırı parşömen kaplı bir fırın tepsisine yayın ve servis yapmadan önce soğumasını ve sertleşmesini bekleyin.

19. Tuzlu Karamelli Çikolatalı Yastıklar

İÇİNDEKİLER:
- 1 soğutulmuş pasta kabuğu çözülmüş
- 14 Hershey'nin Seçimi Öpücükler
- 1 yumurta akı 1 yemek kaşığı su ile çırpılmış
- 1 küçük kavanoz karamel sos
- Akdeniz Tuzu

İSTEĞE BAĞLI MALZEMELER:
- 1 su bardağı eritilmiş çikolata parçacıkları
- ½ su bardağı ince kıyılmış fındık
- Üzeri için pudra şekeri
- Pişirmeden önce serpmek için toz şeker

TALİMATLAR:
a) Fırını 350 dereceye açın.
b) Kurabiye kağıdını parşömenle kaplayın veya yapışmaz pişirme yağı püskürtün
c) Hafifçe unlanmış tezgahta tart hamurunu açın.
ç) Bıçak veya bisküvi kesiciyle 2 ½ inçlik daireler çizildi.
d) Her daireye bir Hershey Öpücüğü yerleştirin.
e) Pasta hamurunun ½'sini Kiss'in üzerine katlayın ve pasta hamurunu kapatın.
f) Pasta hamurunun diğer yarısını çapraz oluşturacak şekilde yukarı çekin ve kenarları kapatmak için sıkıştırın.
g) Tüm artıkları yeniden yuvarlayarak 16 yastık puf elde ettim.
ğ) Her yastık pufunu yumurta akı ile fırçalayın ve ardından şeker veya Akdeniz tuzu serpin.
h) 350 derecede 15 ila 20 dakika veya yastık puflarınız altın kahverengi olana kadar pişirin. Fırından çıkarın ve soğutma rafına geçmeden önce 5 dakika soğumaya bırakın.
ı) Karamel sosunu gezdirin ve Akdeniz Tuzu serpin. Servis yapın ve tadını çıkarın!

20.Karamel Dolgulu Churros

İÇİNDEKİLER:

KARAMEL SOSU:
- 1 su bardağı toz şeker
- 6 yemek kaşığı tuzsuz tereyağı
- ½ bardak ağır krema
- 1 çay kaşığı vanilya özü
- Bir tutam tuz

CHURROS:
- 1 bardak su
- 2 yemek kaşığı şeker
- ½ çay kaşığı tuz
- 2 yemek kaşığı bitkisel yağ
- 1 fincan çok amaçlı un
- Kızartmak için bitkisel yağ
- ¼ su bardağı şeker (kaplama için)
- 1 çay kaşığı toz tarçın (kaplama için)

TALİMATLAR:

KARAMEL SOSU:

a) Toz şekeri temiz, kalın dipli bir tencereye orta-yüksek ateşte yerleştirin.

b) Şekeri karıştırmadan erimeye bırakın. Eşit erimeyi sağlamak için tavayı yavaşça döndürebilirsiniz. Bu işlem 5-7 dakika kadar sürebilir ve şekerin rengi kehribar rengine dönecektir.

c) Şeker tamamen eriyip koyu amber rengine dönüşünce tuzsuz tereyağını dikkatli bir şekilde ekleyin. Tereyağını eklediğinizde karışım kabaracağından dikkatli olun.

ç) Tereyağını eritilmiş şekerle iyice birleşene kadar karıştırın. Bu bir dakika kadar sürebilir.

d) Sürekli karıştırarak ağır kremayı yavaşça dökün. Karışım köpüreceği için yine dikkatli olun.

e) Karışımı yaklaşık 1-2 dakika kaynamaya bırakın, hafifçe koyulaşana kadar sürekli karıştırmaya devam edin.

f) Karamel sosunu ocaktan alın ve vanilya özünü ve bir tutam tuzu ekleyip karıştırın. Sos tekrar hafifçe kabaracaktır, dikkatli olun.

g) Karamel sosunu ısıya dayanıklı bir kaba veya kavanoza aktarmadan önce birkaç dakika soğumaya bırakın.

CHURROS:

ğ) Bir tencerede su, şeker, tuz ve bitkisel yağı birleştirin. Karışımı kaynatın.

h) Tencereyi ocaktan alıp unu ekleyin. Karışım bir hamur topu oluşana kadar karıştırın.

ı) Bitkisel yağı derin bir tavada veya tencerede orta ateşte ısıtın.

i) Hamuru yıldız uçlu sıkma torbasına aktarın.

j) Hamuru sıcak yağın içine sıkın ve bir bıçak veya makasla 4-6 inç uzunluğunda kesin.

k) Her tarafı altın rengi olana kadar ara sıra çevirerek kızartın.

l) Churros'u yağdan çıkarın ve bir kağıt havlu üzerine boşaltın.

m) Ayrı bir kapta şekeri ve tarçını birleştirin. Churros'ları tarçınlı şeker karışımında kaplanana kadar yuvarlayın.

n) Bir şırınga veya hamur torbası kullanarak churros'ları hazırlanmış karamel sosla doldurun.

o) Karamel dolgulu tatlıları sıcak olarak servis edin.

21.Skittles Karamel Karışımı

İÇİNDEKİLER:
KARAMEL SOSU
- 1-½ çay kaşığı karbonat
- 3 su bardağı toz şeker
- 1-½ yemek kaşığı koşer tuzu
- 1 bardak su
- 3 yemek kaşığı soğuk tuzsuz tereyağı, küçük parçalar halinde kesilmiş

KARIŞIM:
- 1 bardak Skittles
- 2 su bardağı patlamış mısır
- 1 bardak balık aperatifleri
- 1 bardak kraker
- ½ su bardağı kurutulmuş meyve karışımı
- ½ bardak mini marshmallow
- 1 bardak O'nun mısır gevreği

TALİMATLAR:
a) Büyük bir karıştırma kabında tüm kuru malzemeleri birleştirin. Kabartma tozunu ölçün ve kullanıma hazır bir şekilde bir kenara koyun. Bir fırın tepsisini folyo ile kaplayın ve bir kenara koyun.

b) Büyük bir tencerede su, şeker, tuz ve tereyağını karıştırın. Şeker karışımını yüksek ateşte, sürekli karıştırarak, kabarcıklı hale gelinceye ve üstü hafif kahverengi oluncaya kadar pişirin. Bu işlem 10-20 dakika kadar sürebilir.

c) Karameli ocaktan alıp kabartma tozunu ekleyip çırpın. Daha da fazla köpüreceği için dikkatli olun . Karamel karışımını hemen kuru malzemelerin bulunduğu kasenin üzerine dökün ve hızla karıştırın.

ç) Karışımı hazırlanan fırın tepsisine dökün ve ince bir tabaka halinde bastırın.

d) Soğumasını bekleyin ve ardından lokma büyüklüğünde parçalara ayırın. Skittles Karamel Karışımını hava geçirmez bir kapta saklayın.

22.Tuzlu Karamelli Makaron

İÇİNDEKİLER:

TUZLU KARAMEL DOLGU İÇİN:
- 250 gr ağır krema
- 350 gr pudra şekeri (ince toz şeker)
- 10g fleur de sel (deniz tuzu gevreği)
- 350 gr tereyağı, küçük küpler halinde kesilmiş

KARAMELLİ MAKARON KURABİYELERİ İÇİN:
- 300 gr badem unu (badem unu)
- 300 gr pudra şekeri
- 120g yumurta akı (her biri 120gr'lık 2 porsiyona bölünmüş)
- 300 gr pudra şekeri
- 75g su

TALİMATLAR:

TUZLU KARAMEL DOLGUSUNUN YAPILIŞI:

a) Küçük bir tencerede ağır kremayı kaynamaya başlayıncaya kadar ısıtın. Ateşten alın.

b) Ayrı bir orta boy tencerede pudra şekerini ekleyip orta ateşte ara sıra karıştırarak karamelize olup koyu bakır rengine gelinceye kadar pişirin.

c) Şekeri ocaktan alın ve sıcak kremayı bir spatula ile sürekli karıştırarak dikkatlice dökün.

ç) Karışımın yaklaşık 115°F'ye soğumasını bekleyin. Fleur de sel'i ve küçük tereyağı küplerini birer birer ekleyin ve tüm tereyağı karışıncaya kadar sürekli karıştırın.

d) Karameli sığ bir kaba aktarın ve soğuyup sertleşene kadar buzdolabında saklayın.

e) Soğuduktan sonra karamel karışımını hafif, parlak ve pürüzsüz hale gelinceye kadar çırpın. Makaronları doldurmaya hazır olana kadar buzdolabında saklayın.

KARAMELLİ MAKARON KURABİYELERİNİ YAPIN:

f) Topakları gidermek için badem ununu ve pudra şekerini birlikte eleyin. 120 gr yumurta akı ile pürüzsüz bir macun oluşuncaya kadar karıştırın ve bir kenara koyun.

g) Orta ateşte küçük bir tencerede pudra şekeri ve suyu birleştirin. Bu arada, kalan 120 gr yumurta aklarını çırpma aparatlı bir stand mikserine koyun.

ğ) Şeker 239°F'ye ulaştığında yumurta aklarını yumuşak zirveler oluşana kadar çırpmaya başlayın. Şeker 244°F'a ulaştığında ocaktan alın ve mikser düşük hızdayken yavaş yavaş çırpılmış yumurta aklarına dökün.

h) Mikser hızını yaklaşık bir dakika boyunca yüksek hıza yükseltin, ardından yaklaşık 2 dakika boyunca orta hıza düşürün. Düşük hızda karıştırırken bezenin 120°F'a soğumasını bekleyin.

ı) Badem unu karışımını, hamur bütünleşip parlak hale gelinceye kadar bir spatula kullanarak yavaşça beze ekleyin.

i) Hamuru düz, yuvarlak uçlu sıkma torbasına aktarın. Makaron kabuklarını silikonlu pişirme matı veya parşömen kağıdıyla kaplı bir fırın tepsisine sıkın. Boyutlarının aynı olmasını sağlamak için bir makarna şablonu kullanabilirsiniz.

j) Hamuru biraz yaymak için fırın tepsisine hafifçe vurun. Hamuru bir kabuk oluşana ve dokunulabilecek kadar kuruyana kadar bekletin.

k) Fırını önceden 300°F'ye ısıtın ve makarnaları pişirme işleminin yarısında fırın tepsisini çevirerek 10-15 dakika pişirin. Makaronları tavadan çıkarmadan önce tamamen soğumasını bekleyin.

TUZLU KARAMEL MAKARONLARI TOPLAYIN:

l) Tuzlu karamel dolgusunu buzdolabından çıkarın ve benmari usulü veya mikrodalgada hafifçe yumuşatın (tamamen eritmemeye dikkat edin).

m) Yumuşadıktan sonra ocaktan alın ve krema kıvamına gelinceye kadar kuvvetlice çırpın.

n) Aynı boyuttaki makarna kurabiye çiftlerini eşleştirin.

o) Tuzlu karamel dolgusunun bir kısmını bir kurabiyenin üzerine kenardan yaklaşık 3 mm kalacak şekilde yayın veya sıkın.

ö) Çiftini diğer elinize alın ve iki kurabiyeyi yavaşça birbirine bükerek dolgunun kenarlara yayılmasını sağlayın.

p) Doldurduğunuz makarnaları servis yapmadan önce en az 24 saat buzdolabında saklayın ve servis etmeden önce oda sıcaklığına gelmesini bekleyin.

r) Tatlı ve tuzlu lezzetlerin mükemmel birleşimi ile lezzetli Tuzlu Karamelli Makaronlarınızın tadını çıkarın!

23.Karamel Cevizli Sandies

İÇİNDEKİLER:
PEKAN CEVİZİ KURABİYESİ:
- 3 ons badem unu (yaklaşık ¾ bardak)
- ¼ fincan Pişirme Karışımı
- 1 ons ceviz, çok ince doğranmış (yaklaşık ¼ bardak)
- 1 yumurta beyazı
- 3 yemek kaşığı tereyağı, eritilmiş
- 2 ½ yemek kaşığı Splenda veya sıvı eşdeğeri
- Bir tutam tarçın
- ½ çay kaşığı karamel özü

KARAMEL ÖZÜ:
- 1 su bardağı toz şeker
- 1 bardak su
- 1 çay kaşığı vanilya özütü (isteğe bağlı)

TALİMATLAR:
KARAMEL ÖZÜ:
a) Temiz, kalın dipli bir tencereye 1 su bardağı toz şeker ekleyin.
b) Şekeri orta-yüksek ateşte sürekli karıştırarak ısıtın. Şeker erimeye ve topaklaşmaya başlayacak.
c) Şekerin tamamı eriyene ve koyu kehribar rengine dönene kadar karıştırmaya devam edin. Yanmasına izin vermemeye dikkat edin; bu yaklaşık 5-7 dakika sürebilir.
ç) Şeker karamelize olduktan sonra tencereye 1 su bardağı suyu dikkatlice ekleyin. Karışım hızla köpüreceğinden dikkatli olun.
d) Karamelize şeker ve suyu iyice birleşene kadar karıştırın. İstenirse ekstra lezzet için bu noktada 1 çay kaşığı vanilya özü de ekleyebilirsiniz.
e) Karışımı birkaç dakika, ara sıra karıştırarak, hafifçe koyulaşana kadar kaynamaya bırakın. Bu yaklaşık 5 dakika sürecektir.
f) Karamel ekstraktını ocaktan alın ve oda sıcaklığına soğumasını bekleyin.
g) Soğuduktan sonra karamel ekstraktını ince gözenekli bir elek veya tülbentten geçirerek tüm yabancı maddeleri veya katı parçacıkları giderin.
ğ) Süzülmüş karamel ekstraktını temiz, hava geçirmez bir kaba veya sıkı oturan kapaklı bir cam şişeye aktarın.

h) Ev yapımı karamel ekstraktını kileriniz gibi serin ve karanlık bir yerde saklayın. Birkaç ay saklanacak.

PEKAN CEVİZİ KURABİYESİ:

ı) Küçük bir kapta tüm malzemeleri iyice karıştırın.

i) Büyük bir fırın tepsisini parşömen kağıdıyla kaplayın ve hamuru 24 küçük tümseğe bırakın. Hamurun sertleşmesi için fırın tepsisini 5-10 dakika dondurucuya koyun.

j) Dondurucudan çıkarın ve hamuru toplar halinde yuvarlayın. Bunları tekrar fırın tepsisine yerleştirin ve 4'lü 6 sıra halinde eşit aralıklarla yerleştirdiğinizden emin olun.

k) Topları plastik ambalajla örtün ve kalınlığı ½ inçten biraz daha az olan bir vitamin şişesi kapağı (veya benzeri bir nesne) alın. Her bir hamur topunun üzerine sıkıca bastırın, fırın tepsisine bastırdığınızdan emin olun.

l) Plastik ambalajı soyun ve tüm kurabiyeler şekillenene kadar bu işlemi tekrarlayın.

m) 325°F'de 20 dakika veya kurabiyeler altın rengi kahverengi olana kadar pişirin.

24. Biscoff Karamelli Kurabiye Barları

İÇİNDEKİLER:

- 1 ½ su bardağı çok amaçlı un
- 1 ½ su bardağı çabuk pişen yulaf
- 1 su bardağı tuzsuz tereyağı, eritilmiş
- 1 su bardağı esmer şeker
- 1 çay kaşığı vanilya özü
- ½ çay kaşığı tuz
- 1 bardak Biscoff kreması
- 1 su bardağı karamel sosu

TALİMATLAR:

a) Fırını önceden 350°F'ye (175°C) ısıtın ve 9x9 inçlik bir pişirme kabını yağlayın.
b) Bir kapta un, yulaf, eritilmiş tereyağı, esmer şeker, vanilya özü ve tuzu birleştirin. İyice birleşene kadar karıştırın.
c) Kabuğu oluşturmak için yulaf karışımının üçte ikisini hazırlanan pişirme kabının tabanına bastırın.
ç) Hamuru önceden ısıtılmış fırında 10 dakika pişirin.
d) Kabuğu fırından çıkarın ve hafifçe soğumasını bekleyin.
e) Biscoff'u hamurun üzerine eşit şekilde yayın.
f) Biscoff kremasının üzerine karamel sosunu gezdirin.
g) Kalan yulaf karışımını karamel tabakasının üzerine serpin.
ğ) Pişirme kabını fırına geri koyun ve 20-25 dakika daha veya üstü altın rengi kahverengi olana kadar pişirin.
h) Fırından çıkarın ve kareler halinde kesmeden önce kurabiye çubuklarını pişirme kabında tamamen soğumaya bırakın.

25.Tuzlu Karamel ve Limonlu Madeleinler

İÇİNDEKİLER:

TUZLU KARAMEL İÇİN:
- ½ bardak) şeker
- 4 yemek kaşığı tuzsuz tereyağı
- ¼ bardak çift krema
- 1 çay kaşığı tuz

MADELEİNLER İÇİN:
- 100 gram tereyağı, eritilmiş
- 1 su bardağı şeker
- 2 yumurta
- 1 çay kaşığı vanilya özü
- 1 ½ su bardağı çok amaçlı un
- 1 çay kaşığı kabartma tozu
- ½ çay kaşığı karbonat
- ¼ su bardağı sade yoğurt
- 1 limonun kabuğu

TALİMATLAR:

TUZLU KARAMELİN HAZIRLANIŞI:

a) Bir tencerede şekeri kısık ateşte eritin. Karıştırmayın; Eşit erimeyi sağlamak için gerekirse tavayı yavaşça döndürün.

b) Şeker koyu kehribar rengine döndüğünde ateşi kapatın.

c) Kuvvetli bir şekilde karıştırarak çift kremayı karamele dikkatlice ve hızlı bir şekilde ekleyin.

ç) Tencereye tereyağını ve tuzu ekleyin, karamel pürüzsüz hale gelinceye kadar karıştırmaya devam edin. Bir kenara koyun.

d) Fırını önceden 350 derece F'ye (175 derece C) ısıtın.

MADELEİNLERİ HAZIRLAYIN:

e) Küçük bir kapta kabartma tozu ve yoğurdu karıştırıp bir kenara koyun.

f) Yumurta ve şekeri mikserle yüksek devirde, karışım hacmi iki katına çıkana kadar çırpın. Vanilya ekstraktını ekleyin.

g) Ayrı bir kapta çok amaçlı un ve kabartma tozunu birleştirin, ardından şeker-yumurta karışımına ekleyin. İyice birleşene kadar karıştırın.

ğ) Yoğurt karışımını ve limon kabuğunu hamura ekleyin ve tamamen karışana kadar karıştırın.
h) Mikser düşük hızdayken eritilmiş tereyağını yavaş yavaş ekleyip iyice karıştırın.
ı) Önceden hazırlanmış tuzlu karameli katlayın ve hamuru buzdolabında 30 dakika dinlendirin.

MADELEİNLERİ PİŞİRİN:
i) Madeleine kalıplarını tereyağıyla yağlayın ve hafifçe unlayın.
j) Hamuru her kalıba kaşıkla dökün ve kalıpların yaklaşık dörtte üçünü doldurun.
k) Madeleine'leri önceden ısıtılmış fırında yaklaşık 10 dakika veya her Madeleine'de küçük bir tümsek oluşana ve kenarları altın kahverengiye dönene kadar pişirin.
l) Madeleine'leri fırından çıkarın ve kalıpların içinde birkaç dakika soğumalarını bekleyin, ardından tamamen soğumaları için bir tel rafa aktarın.
m) Tatlı ve hoşgörülü bir ikram olarak bu enfes Tuzlu Karamelli Madeleine'lerin tadını çıkarın! Tuzlu karamel ile zenginleştirilmiş tereyağlı Madeleine kekinin birleşimi harika bir lezzet deneyimi yaratıyor. Çay saati ikramı veya herhangi bir özel gün için mükemmeldir.

26.Tuzlu Karamelli Elmalı Krispy İkramları

İÇİNDEKİLER:
TUZLU KARAMEL:
- 1 Su bardağı toz şeker
- ¼ bardak soğuk su
- ½ bardak ağır krem şanti
- 4 Yemek kaşığı tuzlu tereyağı
- 1 Çay kaşığı deniz tuzu
- ½ Çay kaşığı vanilya

KRISPY İkramları:
- 4 su bardağı minyatür marshmallow
- 4 Yemek kaşığı tereyağı
- 6 su bardağı Pirinç Krispies mısır gevreği
- 1 su bardağı kurutulmuş elma parçaları
- 1 Su bardağı tuzlu karamel

TALİMATLAR:
TUZLU KARAMEL:
a) Orta ateşte orta boy bir tencerede şekeri ve soğuk suyu birleştirin.
b) Sürekli karıştırın ve karışım orta ila koyu amber rengine dönene kadar pişirin.
c) Tereyağını karamele ekleyin ve yaklaşık 1-2 dakika karıştırarak birleştirin.
ç) Tereyağı tamamen eridikten sonra kremayı yavaş yavaş karamelin içine dökün.
d) Karamelin 2 dakika kaynamasına izin verin.
e) Ateşten alıp vanilyayı ve tuzu ekleyin.
f) Kullanmadan önce karamelin soğumasını ve koyulaşmasını bekleyin.

KRISPY İkramları:
g) Büyük bir tencerede, kısık ateşte tereyağını eritin.
ğ) Marshmallowları ve 1 bardak tuzlu karameli ekleyin, marshmallowlar eriyene kadar kısık ateşte karıştırarak pişirin.
h) Tavayı ocaktan alın ve mısır gevreğini ve elma parçalarını marshmallow karışımına ekleyin.
ı) Tüm tahıl kaplanana kadar karıştırın.
i) Karışımı hazırlanmış bir tavaya dökün ve sıkıca bastırın.
j) İsteğe göre daha fazla tuzlu karamel gezdirin ve kareler halinde kesmeden önce soğumasını bekleyin.

27. Tuzlu Karamelli ve Cevizli Pirinç Krispies

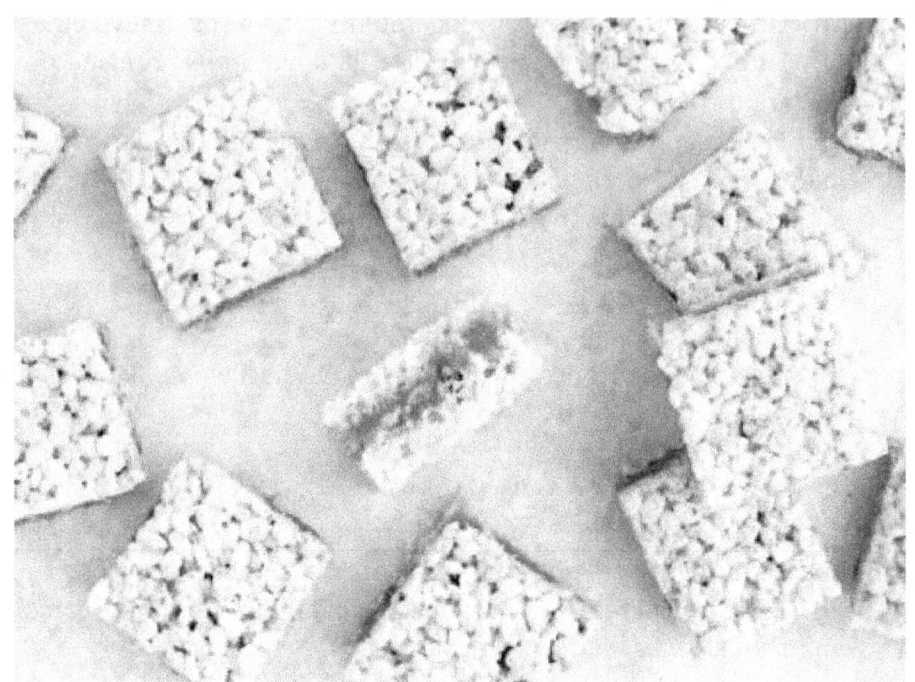

İÇİNDEKİLER:
KRISPIE İKRAMLARI İÇİN
- 3 yemek kaşığı tereyağı
- 8 ons vanilyalı marshmallow
- 4 ½ ons Pirinç Krispies

TUZLU KARAMEL İÇİN
- 10 ½ ons yoğunlaştırılmış süt
- 3 ons tereyağı
- 3 ons koyu kahverengi şeker
- 3 yemek kaşığı altın şurubu
- ¾ çay kaşığı deniz tuzu (tadına göre)
- 4 ons pekan cevizi – kabaca doğranmış

TALİMATLAR:

a) 20 cm x 20 cm'lik derin bir kalıbı yağlayın ve pişirme parşömeniyle kaplayın.

KARAMELİ YAPIN:

b) Yoğunlaştırılmış süt, tereyağı, şeker ve şurubu ağır tabanlı bir tavaya koyun ve orta ateşte şeker eriyene kadar sık sık karıştırarak eritin.

c) Karışımı kaynatın ve 2-3 dakika yavaşça kaynamaya bırakın. Ateşten alın, deniz tuzunu ekleyip karıştırın ve bir kenara koyun.

ç) Küçük, ağır tabanlı bir tencereye 20 gr tereyağını koyun. Düşük-orta ateşte eriyene kadar ısıtın.

d) 110 gr marshmallow ekleyin ve eriyene kadar karıştırın ve tereyağı ile iyice karıştırın.

e) Pirinç Krispies'in yarısını hızla karıştırın.

f) Hatmi Krispies'i kaşıkla kalıba dökün ve eşit şekilde dağıtın. Katı bir katman oluşturmak için karışımı yavaşça ama sıkıca bastırın. Karışım yapışkan olacağından bu görevi kolaylaştırmak için bir parça selofan kullanın.

g) Karameli karıştırın ve Krispie tabanının üzerine dökün. Üzerine kıyılmış cevizleri serpin ve buzdolabında 1-2 saat bekletin.

ğ) Kalan tereyağını, marshmallow'ları ve pirinç gevreğini kullanarak başka bir marshmallow Krispies partisi yapın. Karamel tabakasının üzerine kaşıkla dökün ve selofan kullanarak Krispies'i yayın ve yavaşça ama sıkı bir şekilde bastırın.

h) Karelere dilimlemeden önce bir saat kadar sertleşmesini bekleyin.

ı) Hava geçirmez bir kutuda saklayın ve 2 gün içinde tüketin.

28. Tuzlu Karamelli Sarışınlar

İÇİNDEKİLER:
- 1 su bardağı tuzsuz tereyağı, eritilmiş
- 2 su bardağı açık kahverengi şeker
- 2 büyük yumurta
- 1 çay kaşığı vanilya özü
- 2 fincan çok amaçlı un
- ½ çay kaşığı kabartma tozu
- ½ çay kaşığı tuz
- ½ bardak tuzlu karamel sosu

TALİMATLAR:

a) Fırınınızı önceden 350°F'ye ısıtın ve bir pişirme kabını yağlayın.
b) Bir karıştırma kabında eritilmiş tereyağını ve esmer şekeri iyice karışana kadar birleştirin.
c) Yumurtaları birer birer çırpın, ardından vanilya özütünü ekleyin.
ç) Ayrı bir kapta un, kabartma tozu ve tuzu birlikte çırpın.
d) Kuru malzemeleri yavaş yavaş ıslak karışıma ekleyin ve birleşene kadar karıştırın.
e) Hazırlanan fırın tepsisine sarışın hamurunun yarısını dökün ve eşit şekilde dağıtın.
f) Tuzlu karamel sosun yarısını hamurun üzerine gezdirin.
g) Kalan hamuru üstüne dökün ve eşit şekilde yayın, ardından kalan tuzlu karamel sosunu üzerine gezdirin.
ğ) Mermer bir etki için karamel sosunu hamurun içine döndürmek için bir bıçak kullanın.
h) 25-30 dakika veya kenarları altın rengi kahverengi olana ve ortasına batırılan kürdan birkaç nemli kırıntı ile çıkana kadar pişirin.
ı) Sarışınları karelere ayırmadan önce soğumaya bırakın.

29.Tuzlu Karamelli Patlamış Mısır Sufle

İÇİNDEKİLER:
- 125 ml tam yağlı süt
- 125 ml çift krema
- 105 gr pudra şekeri
- 25 gr pudingli pirinç
- 1 vanilya çubuğu, bölünmüş
- 75 gr tuzsuz tereyağı, yumuşatılmış
- 6 yumurta akı
- 20 gr patlamış mısır

TUZLU KARAMEL SOS
- 100 gr pudra şekeri, ayrıca ramekinler için 75 gr
- 45 gr tuzlu tereyağı, parçalar halinde kesilmiş
- 60ml çift krema
- ½ çay kaşığı deniz tuzu

TALİMATLAR:
a) Fırını 140°C'ye ısıtın ve soğuması için buzdolabına dört adet 9,5 cm x 5 cm boyutunda sufle kalıbı veya ramekin koyun.

b) Sütü, kremayı, 15 gr şekeri, pirinci, vanilya çubuğunu ve bir tutam tuzu fırına dayanıklı bir tavada birleştirin.

c) Kapağı kapatın ve her 30 dakikada bir karıştırarak 2 saat veya pirinç yumuşayana kadar pişirin.

ç) Vanilya çubuğunu çıkarın, ardından karışımı bir karıştırıcıya aktarın ve pürüzsüz bir püre haline gelinceye kadar pirinç tanesi kalmadığından emin olun. Üzerini kapatıp soğumaya bırakın.

d) Bu arada karamel sosu için 100 gr şekeri kalın tabanlı bir tavanın dibine dağıtın.

e) Orta-yüksek ateşte, erimeye başlayan şekeri yakından takip edin.

f) Erimemiş şekeri dağıtmak için tavayı ara sıra sallayın ve eridiğinde silikon bir spatula kullanarak topakları yavaşça parçalayarak bir araya getirin.

g) haline geldiğinde - yanmasına izin vermemeye dikkat ederek - tereyağını hızla karıştırın.

ğ) Kremayı yavaşça dökün, parlak, parlak bir karamel sosu oluşana kadar karıştırın. Deniz tuzunu karıştırın. Bir kenara koyun.

h) Ramekinler tamamen soğuduğunda buzdolabından çıkarın ve içlerini cömertçe tereyağıyla fırçalayın, hiçbir noktanın gözden kaçmadığından emin olun ve kenarlarına kadar fırçalayın.
ı) 75 gram şekeri bir ramekine dökün, iç kısmı tamamen şekerle kaplanacak şekilde çevirin , ardından fazlalığı bir sonrakine dökün ve hepsi kaplanana kadar tekrarlayın. Bir kenara koyun.
i) Yumurta aklarını geniş bir kaseye alıp elektrikli çırpma teli ile yüksek devirde 1 dakika kadar çırpın.
j) Yavaş yavaş kalan şekerin dörtte birini ekleyin, bir dakika daha çırpın, ardından bir çeyrek daha çırpın.
k) Tüm şeker eklenene kadar tekrarlayın .
l) Şekerin tamamı eklendikten sonra sert , parlak tepecikler oluşana kadar 30 saniye daha çırpmaya devam edin.
m) Bu arada, sütlaç püresini ve 15 gr tuzlu karamel sosunu, kaynayan su dolu bir tencerenin üzerine yerleştirilmiş, ısıya dayanıklı büyük bir kaseye koyun.
n) Karışımı yavaşça ısıtın ve karıştırın, ardından ocaktan alın.
o) Çırpılmış yumurta aklarının dörtte birini sütlaç karışımına katarak gevşemesine yardımcı olun, ardından geri kalanını iyice karışıncaya kadar katlayın.
ö) Fırını 200C'ye ısıtın.
p) Sufle karışımını hazırlanan kalıplara hafifçe dolduracak şekilde kaşıkla dökün.
r) Bir palet bıçağı kullanarak üst kısımları düzleştirin.
s) Suflenin düz bir şekilde yukarı çıkmasını sağlamak için sıkıştırılmış başparmağınızı ve işaret parmağınızı her bir ramekin iç kenarının etrafında gezdirin.
ş) Üstlerine patlamış mısır serpin, ardından bir fırın tepsisine koyun ve fırının orta rafında pişirin.

30.Karamel ve Çikolata Kaplı Krakerler

İÇİNDEKİLER:
- Çubuk Kraker
- 1 bardak karamel (ambalajsız)
- 1 su bardağı damla çikolata
- Çeşitli soslar (ör. serpme, ezilmiş fındık)

TALİMATLAR:
a) Bir fırın tepsisini parşömen kağıdıyla hizalayın.
b) Karamelleri mikrodalgaya dayanıklı bir kapta paketin üzerindeki talimatlara göre eritin.
c) Her çubuk kraker çubuğunu erimiş karamelin içine batırın ve fazlalığın damlamasını sağlayın. Karamel kaplı krakerleri hazırlanan fırın tepsisine yerleştirin.
ç) Karamelin katılaşması için fırın tepsisini yaklaşık 15 dakika buzdolabına koyun.
d) Mikrodalgaya dayanıklı başka bir kapta, çikolata parçacıklarını mikrodalgada eritin ve pürüzsüz hale gelinceye kadar her 30 saniyede bir karıştırın.
e) Her karamel kaplı çubuk kraker çubuğunu eritilmiş çikolataya batırın ve fazlalığın damlamasını sağlayın .
f) Çikolata hala ıslakken hemen seçtiğiniz malzemeleri serpin.
g) Çikolataya batırılmış krakerleri tekrar fırın tepsisine yerleştirin ve çikolata donuncaya kadar buzdolabında saklayın.
ğ) Sertleştikten sonra buzdolabından çıkarın ve servis yapın.

31. Karamelli Elma Dilimleri

İÇİNDEKİLER:
- Elmalar (herhangi bir çeşit), çekirdeği çıkarılmış ve dilimlenmiş
- Karamel sosu
- Seçtiğiniz malzemeler (doğranmış fındık, rendelenmiş hindistan cevizi, mini çikolata parçaları vb.)

TALİMATLAR:
a) Her elma dilimini karamel sosuna batırın ve eşit şekilde kaplayın.
b) Kaplanmış elma dilimlerini parşömen kaplı bir fırın tepsisine yerleştirin.
c) Karamel kaplı elma dilimlerinin üzerine dilediğiniz malzemeleri serpin.
ç) Karamelin donmasını sağlamak için fırın tepsisini yaklaşık 10-15 dakika buzdolabına yerleştirin.
d) Lezzetli karamelli elma dilimlerinizi servis edin ve tadını çıkarın!

32.Karamelli Pirinç Keki Lokmaları

İÇİNDEKİLER:

- Pirinç kekleri
- Karamel sosu
- İsteğe bağlı süslemeler (çikolata parçaları, serpme, kıyılmış fındık vb.)

TALİMATLAR:

a) Her pirinç kekinin üzerine ince bir tabaka karamel sosu sürün.
b) Karamel kaplı pirinç keklerinin üzerine dilediğiniz malzemeleri serpin.
c) Karamelin donmasını sağlamak için pirinç keklerini yaklaşık 10-15 dakika buzdolabına koyun.
ç) Ayarlandıktan sonra karamel kaplı pirinç keklerini ısırık büyüklüğünde parçalar halinde kesin.
d) Karamelli pirinç keki ısırıklarınızı servis edin ve tadını çıkarın!

33.Karamelli Hurma Dolması

İÇİNDEKİLER:
- Hurmalar, çekirdekleri çıkarılmış
- Karamelli şekerlemeler, ambalajsız
- İsteğe bağlı malzemeler (doğranmış fındık, kıyılmış hindistan cevizi, deniz tuzu vb.)

TALİMATLAR:
a) Her bir hurmayı dikkatlice uzunlamasına dilimleyin ve çekirdeğini çıkarın.
b) Her hurmanın içine karamelli şeker koyun.
c) İsteğe bağlı: İstediğiniz malzemeleri karamel dolgulu hurmaların üzerine serpin.
ç) Hemen servis yapın veya keyfini çıkarmaya hazır olana kadar hava geçirmez bir kapta saklayın.
d) Enfes karamel dolgulu tarihlerinizin tadını çıkarın!

34.Karamelli Pretzel Çubukları

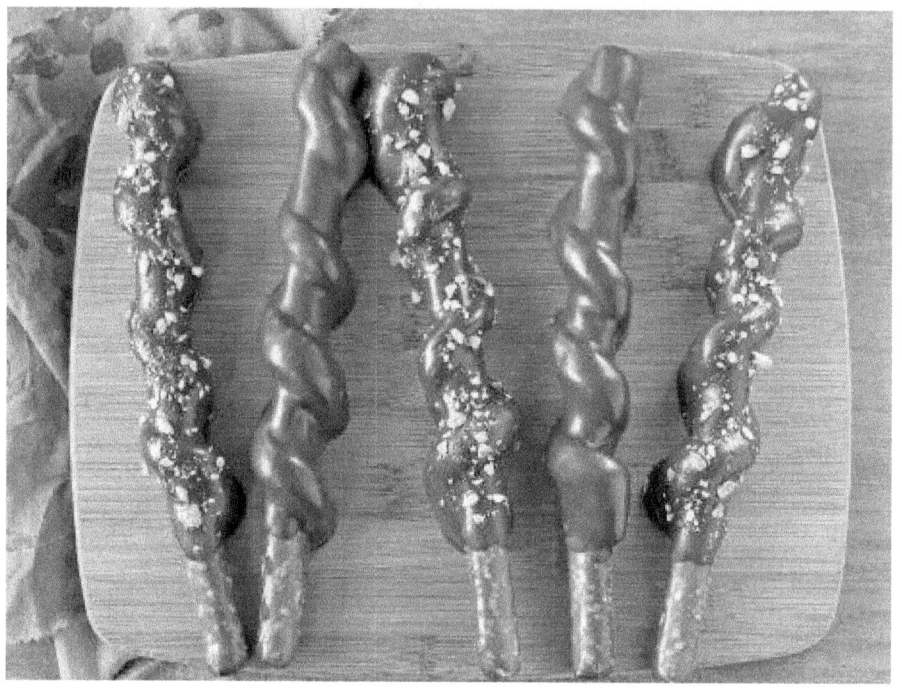

İÇİNDEKİLER:
- Çubuk Kraker
- Karamelli şekerlemeler, ambalajsız
- İsteğe bağlı süslemeler (çikolata parçacıkları, ezilmiş fındık, serpme vb.)

TALİMATLAR:
a) Ambalajlanmamış her karamelli şekerin içine bir çubuk kraker çubuğu yerleştirin ve çubuk krakerin bir kısmını tutmak için açıkta bırakın.

b) Karamel kaplı çubuk kraker çubuklarını, karamel yumuşak ve hafifçe eriyene kadar 30 saniyelik aralıklarla mikrodalgada ısıtın.

c) İsteğe bağlı: Eritilmiş karamel kaplı çubuk kraker çubuklarını istediğiniz soslarla yuvarlayın.

ç) Çubuk kraker çubuklarını parşömen kaplı bir fırın tepsisine yerleştirin ve karamelin soğumasını ve sertleşmesini bekleyin.

d) Karamelli kraker çubuklarınızı servis edin ve tadını çıkarın!

TATLI

35. Cadbury Karamelli Cheesecake

İÇİNDEKİLER:

- 300 gr sindirim bisküvisi, ezilmiş
- 150 gr tuzsuz tereyağı, eritilmiş
- 600 gr krem peynir, yumuşatılmış
- 150 gr pudra şekeri
- 1 çay kaşığı vanilya özü
- 300ml çift krema
- 150g Cadbury çikolatası, doğranmış
- 150g Cadbury Karamelli çikolata, doğranmış
- Üzerine sürmek için karamel sos

TALİMATLAR:

a) Fırını 180C/160C fanlı/gazlıya önceden ısıtın 4.

b) Ezilmiş bisküvileri ve eritilmiş tereyağını karıştırın ve 23 cm'lik kelepçeli kek kalıbının tabanına bastırın.

c) Fırında 10 dakika kadar pişirin, sonra çıkarın ve soğumaya bırakın.

ç) Büyük bir kapta krem peyniri, şekeri ve vanilya özünü pürüzsüz hale gelinceye kadar çırpın.

d) Ayrı bir kapta çift kremayı yumuşak tepeler oluşana kadar çırpın.

e) Çırpılmış kremayı krem peynir karışımına katlayın, ardından doğranmış çikolatayı ekleyin.

f) Karışımın yarısını soğuyan bisküvi tabanının üzerine dökün ve üzerini düzeltin.

g) Üzerine karamel sosu gezdirin ve doğranmış Cadbury Karamelli çikolatanın yarısını serpin.

ğ) Kalan karışımı da üzerine dökün ve üzerini tekrar düzeltin.

h) Buzdolabında en az 2 saat veya katılaşana kadar soğutun.

ı) kalan doğranmış Cadbury Karamelli çikolatayla süsleyin ve üzerine biraz daha karamel sos gezdirin .

36.Elmalı Karamelli Ters Kek

İÇİNDEKİLER:

- 1 büyük elma, soyulmuş, çekirdeği çıkarılmış ve ince dilimlenmiş
- 10 yemek kaşığı Tatlı tereyağı, yumuşatılmış
- 1 ¼ su bardağı toz beyaz şeker, artı 3 yemek kaşığı
- 2 yumurta
- 1 su bardağı Ceviz, doğranmış
- 1 çay kaşığı Tarçın
- 2 su bardağı beyaz buğday unu
- 1 çay kaşığı Kabartma tozu
- ½ çay kaşığı Kabartma tozu
- ¼ çay kaşığı Tuz
- 1 bardak Ekşi krema
- ½ çay kaşığı Vanilya özü

TALİMATLAR:

a) Elmayı soyun, çekirdeğini çıkarın ve ince dilimleyin. 2 yemek kaşığı tereyağını 9 inçlik dökme demir tavada orta-düşük ateşte eritin. Elma dilimlerini ekleyin ve yaklaşık 3 dakika solana kadar soteleyin. Elma dilimlerini tabağa aktarın.

b) Isıyı en yükseğe çıkarın, tavaya ¼ bardak şeker ekleyin ve şeker eriyip altın rengine dönene kadar yaklaşık 3 dakika sık sık karıştırarak pişirin. Tavayı ocaktan alın ve elma dilimlerini tabana dairesel bir şekilde yerleştirin. Tavayı bir kenara koyun.

c) Cevizleri doğrayın ve 3 yemek kaşığı şeker ve tarçınla karıştırın. Bir kenara koyun.

ç) Unu kabartma tozu, kabartma tozu ve tuzla eleyin; bir kenara koyun.

d) Bir kapta kalan yumuşatılmış tereyağını rengi açılana kadar çırpın. 1 bardak şekeri, yumurtaları (birer birer), ekşi kremayı ve vanilya özünü yavaş yavaş çırpın. Kuru malzemeleri hamurun içine katlayın.

e) Fırın rafını orta konuma ayarlayın ve fırını 175°C'ye (350°F) önceden ısıtın.

f) Cevizli karışımın yarısını tavada sıralanan elmaların üzerine serpin. Kek hamurunun yarısını cevizlerin üzerine parmaklarınızla veya kaşık yardımıyla dikkatlice yayın. Kalan cevizli karışımı hamurun üzerine serpin ve ardından kalan kek hamurunu cevizlerin üzerine yayın.

g) Pastayı, üst kısmı altın rengi olana ve ortasına batırılan kürdan temiz çıkana kadar yaklaşık 45 dakika pişirin.

ğ) Pastayı 5 dakika boyunca bir raf üzerinde soğumaya bırakın. Pastanın kenarına küçük bir bıçak batırın ve pastayı dikkatlice servis tabağına ters çevirin. Tavaya yapışan elma dilimleri varsa bıçakla gevşetin ve kekin üzerine dizin.

h) Elmalı Karamelli Ters Kek'i hafif ılık veya oda sıcaklığında servis edin. Oda sıcaklığında ağzı kapalı olarak 2 güne kadar saklayabilirsiniz. Eğlence!

37.Karamel Vanilyalı Espresso Cupcakes

İÇİNDEKİLER:
KAPKEK:
- 3 ½ su bardağı çok amaçlı un
- 1 ¼ su bardağı pudra şekeri
- 3 çay kaşığı kabartma tozu
- ½ çay kaşığı ince tuz
- ½ bardak tuzsuz tereyağı, yumuşatılmış
- 2 büyük yumurta
- 1 ½ su bardağı tam yağlı süt
- ½ su bardağı bitkisel yağ
- 2 yemek kaşığı Yunan yoğurdu veya ekşi krema
- 1 çay kaşığı vanilya özütü veya vanilya fasulyesi ezmesi
- 5 yemek kaşığı Kahlua
- ¾ bardak Tuzlu karamel sosu
- Dekorasyon için kahve çekirdekleri

BUZLANMA:
- 1 porsiyon kabarık vanilyalı tereyağlı krema
- 5 yemek kaşığı Kahlua

VODKA ÇİKOLATA SOSU:
- 1 ¼ su bardağı Çikolata sosu
- 3 yemek kaşığı votka

TALİMATLAR:
a) Fırını fanlı fırın için 160°C'ye (320°F), geleneksel fırın için 180°C'ye (356°F) önceden ısıtın. Cupcake kalıplarını kek kalıplarıyla kaplayın.

b) Kürek aparatıyla donatılmış bir stand mikserinin kasesinde un, kabartma tozu, pudra şekeri ve tuzu birleştirin. Her şey iyi bir şekilde birleşene kadar birkaç dakika düşük hızda karıştırın . Alternatif olarak kuru malzemeleri birlikte eleyebilirsiniz.

c) Yumuşatılmış tereyağını kuru malzemelere ekleyin ve ince kum benzeri bir doku elde edene kadar karıştırın.

ç) Büyük bir sürahide süt, yumurta, yoğurt (veya ekşi krema), yağ ve vanilya özünü birlikte çırpın.

d) Islak malzemeleri yavaş ve sabit bir akışla kuru malzemelere yavaş yavaş ekleyin ve hiçbir kuru malzeme görünmeyene kadar karıştırın. Kaseyi kazıyın ve 20 saniye daha karıştırın.

e) Her bir kek kalıbını yaklaşık ¾ oranında doldurun. Bir dondurma kaşığı bu işlemi hızlı ve kolay hale getirebilir veya iki yemek kaşığı kullanabilirsiniz.

f) Kekleri 20-25 dakika veya batırdığınız kürdan temiz çıkana kadar pişirin. Buzlanmadan önce tel soğutma rafında tamamen soğumalarını bekleyin.

g) Votka ve çikolata sosunu birleştirerek votka çikolata sosunu hazırlayın.

ğ) Krema için vanilyalı tereyağlı kremayı 5 yemek kaşığı Kahlua ile karıştırın.

h) Kekler soğuduktan sonra, her bir kekin üst kısmını Kahlua'ya batırın ve fazlalığın damlamasını sağlayın. Her kekin ortasını çıkarın ve votkalı çikolata sosuyla doldurun.

ı) Sıkma ucunu bir sıkma torbasına takın ve kekleri girdap şeklinde dondurun.

i) Her keki biraz tuzlu karamel sosla bitirin ve üstüne iki kahve çekirdeği ile süsleyin.

38.Çikolatalı ve karamelli mousse tiramisu

İÇİNDEKİLER:
- 400 gr bitter çikolata, doğranmış
- 400 gr sütlü çikolata, doğranmış
- 6 yumurta, ayrılmış
- 1 ½ titanyum mukavemetli jelatin yaprakları, soğuk suda yumuşatılmış
- 900 ml koyulaştırılmış krema
- 2 çay kaşığı vanilya fasulyesi ezmesi
- ½ su bardağı pudra şekeri
- 1 fincan kahve likörü
- 400 gram kedi dili bisküvi
- Kakao, toz haline getirilmiş

karamel köpüğü
- 800 ml koyulaştırılmış krema
- Soğuk suda yumuşatılmış 2 titanyum mukavemetli jelatin yaprağı
- 2 x 250g kavanoz dulce de leche, gevşetmek için hafifçe dövülmüş

TALİMATLAR:
a) Çikolataları kaynayan su dolu bir tencerenin üzerine yerleştirilmiş ısıya dayanıklı bir kaseye yerleştirin ve eriyene ve pürüzsüz hale gelinceye kadar karıştırın. Hafifçe soğutun, ardından kürek aparatıyla birlikte bir stand mikserine aktarın.

b) Yumurta sarısını çırpın.

c) 300 ml kremayı küçük bir tencereye koyun ve kısık ateşte kaynamaya bırakın. Jelatinin fazla suyunu sıkın ve eriyene ve birleşene kadar kremaya karıştırın. 3 seferde çikolata karışımını pürüzsüz hale gelinceye kadar çırpın. Büyük, temiz bir kaseye aktarın.

ç) Kalan 600 ml kremayı vanilya ile sert zirvelere kadar çırpın. Sakin olmak.

d) Yumurta aklarını çırpma aparatlı bir stand mikserine yerleştirin ve sert zirvelere kadar çırpın. Her seferinde 1 yemek kaşığı şeker ekleyin ve eriyene ve karışım parlak oluncaya kadar çırpın.

e) Çırpılmış kremayı çikolata karışımına katlayın, ardından 2 seferde çırpılmış yumurta aklarını ekleyin. Montaja hazır olana kadar soğutun.

f) Karamelli mus için 200 ml kremayı küçük bir tencereye koyun ve kısık ateşte kaynamaya bırakın. Jelatinin fazla suyunu sıkın ve eriyene ve birleşene kadar kremaya karıştırın. Hafifçe soğutun. Kalan 600 ml kremayı çırpma aparatı ile birlikte bir stand mikserine yerleştirin ve yumuşak zirvelere kadar çırpın. Birleştirilene kadar gevşetilmiş dulce de leche ve jelatin karışımını ekleyin. 30 dakika soğutun.

g) Kahve likörünü geniş bir kaseye koyun. Kedi dili bisküvilerin yarısını liköre batırın ve 6 litrelik servis tabağının tabanına iki kat halinde dizin. Çikolatalı musun yarısından fazlasını kaşıkla dökün.

ğ) Kalan bisküvileri liköre batırın ve musun üzerine iki kat halinde dizin. Üstünü karamelli köpükle doldurun, üstünü bir palet bıçağıyla düzeltin. Katılaşana kadar 2-3 saat buzdolabında bekletin. Kalan çikolatalı musunuzu 1 cm'lik düz ağızlı sıkma torbasına koyun ve kullanıma hazır oluncaya kadar buzdolabında saklayın.

h) Kalan çikolatalı mus karamelli musun üzerine sıkın. Donana kadar 4-5 saat veya gece boyunca buzdolabında bekletin. Servis etmek için kakao serpin.

39. Snicker karamelli elmalı turta

İÇİNDEKİLER:

KABUĞU İÇİN:
- 2 fincan çok amaçlı un
- ½ çay kaşığı tuz
- ⅔ bardak tuzsuz tereyağı, soğuk ve küçük parçalar halinde kesilmiş
- 4-5 yemek kaşığı buzlu su

DOLGU İÇİN:
- 5-6 orta boy elma (Granny Smith gibi), soyulmuş, çekirdekleri çıkarılmış ve ince dilimlenmiş
- ½ su bardağı toz şeker
- ¼ bardak çok amaçlı un
- 1 çay kaşığı öğütülmüş tarçın
- ¼ çay kaşığı öğütülmüş hindistan cevizi
- ¼ çay kaşığı tuz
- 1 su bardağı Snickers bar, küçük parçalar halinde doğranmış
- ½ su bardağı karamel sosu

ÜSTÜ İÇİN:
- ½ bardak çok amaçlı un
- ½ bardak haddelenmiş yulaf
- ½ su bardağı esmer şeker
- ¼ çay kaşığı öğütülmüş tarçın
- ¼ bardak tuzsuz tereyağı, eritilmiş

TALİMATLAR:

a) Fırınınızı önceden 375°F (190°C) ısıtın.

b) Büyük bir karıştırma kabında, hamur için un ve tuzu birleştirin. Soğuk tereyağını ekleyin ve karışım iri kırıntılara benzeyene kadar tereyağını unun içine kesmek için bir pasta kesici veya parmaklarınızı kullanın.

c) Hamuru bir çatalla karıştırırken, her seferinde bir çorba kaşığı olacak şekilde buzlu suyu yavaş yavaş ekleyin. Hamur bir araya gelip bir top oluşturana kadar karıştırın. Fazla karıştırmamaya dikkat edin.

ç) Hamuru ikiye bölün ve bir kısmını hafifçe unlanmış bir yüzeyde açın. Haddelenmiş hamuru 9 inçlik bir pasta tabağına aktarın ve alta ve yanlara doğru bastırın. Fazla hamuru kesin.

d) İç harcı için ayrı bir kapta dilimlenmiş elmaları, toz şekeri, unu, tarçını, hindistan cevizini ve tuzu birleştirin. Elmalar eşit şekilde kaplanana kadar karıştırın .

e) pasta kabuğunun tabanına yayın . Karamel sosunu Snickers tabakasının üzerine dökün. Daha sonra elmalı karışımı üstüne katlayın.

f) Küçük bir kapta üzeri için un, yulaf ezmesi, esmer şeker, tarçın ve eritilmiş tereyağını karıştırın. Karışım ufalanana kadar karıştırın.

g) Tepesi karışımını elma dolgusunun üzerine eşit şekilde serpin.

ğ) Pastayı alüminyum folyo ile gevşek bir şekilde örtün ve damlamaları yakalamak için bir fırın tepsisine yerleştirin. 40 dakika pişirin.

h) Folyoyu çıkarın ve 20-25 dakika daha veya kabuk altın kahverengi olana ve elmalar yumuşayana kadar pişirmeye devam edin.

ı) Piştikten sonra pastayı fırından çıkarın ve tel ızgara üzerinde soğumaya bırakın.

i) Snickers Karamelli Elmalı Turtayı ılık veya oda sıcaklığında servis edin. Eğlence!

40. Karamelli Patlamış Mısır Ekstravaganza Cupcakes

İÇİNDEKİLER:
KAPKEK:
- 3 ½ su bardağı çok amaçlı un
- 1 ¼ su bardağı ince pudra şekeri
- 3 çay kaşığı kabartma tozu
- ½ çay kaşığı ince tuz
- ½ bardak tuzsuz tereyağı, yumuşatılmış
- 2 büyük yumurta
- 1 ½ su bardağı tam yağlı süt
- ½ su bardağı bitkisel yağ
- 2 yemek kaşığı Yunan yoğurdu veya ekşi krema
- 1 çay kaşığı vanilya özütü veya vanilya fasulyesi ezmesi
- 1 su bardağı karamela sosu
- ¾ su bardağı kremalı mısır
- karamelli patlamış mısır

BUZLANMA:
- 1 porsiyon Fluffy Buttercream kreması

TALİMATLAR:
KAPKEK:

a) Fırını önceden 180°C'ye (356°F) ısıtın.

b) Kürek aparatı takılı bir stand mikserin kasesinde, kuru malzemeleri (un, pudra şekeri, kabartma tozu ve tuz) birleştirin ve düşük hızda karıştırın.

c) Ayrı bir kapta tüm ıslak malzemeleri (yoğurt, yumurta, kremalı mısır, süt, yağ ve vanilya) karıştırın.

ç) Yumuşatılmış tereyağını kuru malzemelere ekleyin ve hamur kum benzeri bir dokuya sahip grenli görünene kadar karıştırın.

d) Islak malzemeleri yavaş ve sabit bir akışla yavaş yavaş ekleyin ve iyice birleşene kadar karıştırın. Tüm malzemelerin dahil edildiğinden emin olmak için kaseyi kazıyın.

e) Hazırladığınız kek kağıtlarıyla kapladığınız kek kalıplarına hamuru yaklaşık 3/4'ünü dolduracak şekilde dökün.

f) 20-25 dakika veya ortasına batırdığınız kürdan nemli kırıntılar çıkana kadar pişirin.

g) Kekler tamamen soğuduktan sonra, her kekin ortasında bir bıçak veya elma oyacağı kullanarak bir delik açın. Delikleri karamela sosuyla doldurun.

BUZLANMA:
ğ) Bir miktar Fluffy Buttercream kreması hazırlayın.

TOPLANTI:
h) Kekleri tereyağlı krema ile pipetlemek için düz uçlu bir ağızlık kullanın.
ı) Buzlu keklerin üzerine biraz daha karamela sosu gezdirin.
i) Her kekin üzerine bir tutam karamelli patlamış mısır ekleyin.

41. Tuzlu Karamel ve Fındık Dakuaz

İÇİNDEKİLER:

MERENGLER İÇİN:
- 250 gr pudra şekeri
- 150 gr kıyılmış fındık
- 150 gr öğütülmüş badem
- 9 büyük yumurta akı (veya 360g sıvı yumurta akı)
- 100 gr pudra şekeri

TUZLU KARAMEL İÇİN:
- 250 gr pudra şekeri
- 150ml çift krema
- Bir tutam deniz tuzu gevreği

GANAŞ İÇİN:
- 100 gr sütlü çikolata, parçalara ayrılmış
- 50g %70 bitter çikolata, parçalara ayrılmış
- 150ml çift krema

İTALYAN BEZE TEREYAĞI İÇİN:
- 3 büyük yumurta akı (veya 120g sıvı yumurta akı)
- 280 gr pudra şekeri
- 275 gr tuzsuz tereyağı, yumuşatılmış
- 1 çay kaşığı vanilya ezmesi

PETEK İÇİN:
- 350 gr pudra şekeri
- 8 yemek kaşığı altın şurubu
- 2 çay kaşığı bikarbonat soda

DEKORE ETMEK:
- 100 gr soyulmuş badem, kızartılmış

ŞEKER KUBBE İÇİN (İSTEĞE BAĞLI):
- 100 gr pudra şekeri
- 50g sıvı glikoz

TEÇHİZAT:
- 26cm kek kalıbı
- Her biri pişirme kağıdıyla kaplı fırın tepsisi x3
- Şeker termometresi
- Tabanı pişirme kağıdıyla kaplanmış fırın tepsisi
- 20cm ısıya dayanıklı kase, üst kısmı 2 kat ısıya dayanıklı streç film ile kaplanmıştır

- Orta açık yıldız ağızlı orta boy krema torbası
- 16cm kek halkası veya kesici, yağlanmış

TALİMATLAR:
a) Kek kalıbını kılavuz olarak kullanarak, fırın tepsisini kaplayan kağıt parçalarının her birinin üzerine kalemle bir daire çizin. Kağıt parçalarını, kalem tarafı aşağı bakacak şekilde fırın tepsilerine geri koyun.
b) Fırını 190°C/170°C fanlı/375°F/Gaz 5'e ısıtın.
c) Beze yapın. Pudra şekerini, kıyılmış fındığı ve öğütülmüş bademleri mutfak robotuna çekin. Karışım ince ekmek kırıntılarına benzeyene kadar çırpın.
ç) Yumurta aklarını, çırpma teli takılı bir stand mikserinin kasesinde orta hızda 3-5 dakika, yumurta akları yumuşak zirvelere ulaşıncaya kadar çırpın.
d) Her seferinde 1 çorba kaşığı şeker ekleyin, karışım pürüzsüz hale gelinceye ve şeker iyice karışana kadar her ekleme arasında orta hızda iyice çırpın. Şekerin tamamını ekleyene ve beze parlak beyaz, ipeksi pürüzsüz ve çok sert bir kıvama gelinceye kadar (10-15 dakika) çırpmaya devam edin.
e) Büyük bir metal kaşık kullanarak, bezenin havasının dışarı çıkmamasına dikkat ederek fındık karışımını ekleyin.
f) Kaşığı kullanarak beze karışımını üç fırın tepsisine eşit olarak paylaştırın ve daire şablonunu dolduracak şekilde bir diske yayın.
g) Beze disklerini hafifçe altın rengi olana kadar 25 dakika pişirin. Fırından çıkarın ve beze disklerini tel rafın üzerine yerleştirin. Soğuyana kadar bekletin, ardından pişirme kağıdını dikkatlice çıkarın.
ğ) Bu arada tuzlu karameli hazırlayın. Şekeri 3 yemek kaşığı suyla ağır tabanlı bir tencerede kısık ateşte ısıtın, şeker eriyene kadar ara sıra tavayı hafifçe çevirin (ancak karıştırmayın).
h) Isıyı arttırın, şerbeti kaynatın ve hiç karıştırmadan kehribar rengi oluncaya kadar pişirmeye devam edin, ardından tavayı ocaktan alın.
ı) Sürekli çırparak kremayı ve deniz tuzu pullarını düzenli bir akış halinde dikkatlice dökün. Karamel sertleşmeye başlarsa tekrar ateşe verin ve tamamen pürüzsüz hale gelinceye kadar çırpın. Tamamen soğumaya bırakın.

i) Çikolatalı ganajı yapın. Her iki çikolatayı da ısıya dayanıklı bir kaseye boşaltın. Kremayı orta boy bir tencereye dökün ve orta ateşte koyun. Kaynatın, ardından tavayı hemen ocaktan alın ve kremayı çikolatanın üzerine dökün. Pürüzsüz olana kadar 2 dakika bekletin. Bir kenara koyun.

j) İtalyan kremalı tereyağlı kremayı yapın. Şekeri ve 3 yemek kaşığı suyu kısık ateşte küçük bir tencereye koyun. Şeker eridikten sonra, şurup şeker termometresinde 121°C'ye ulaşana kadar ısıyı hızlı bir şekilde kaynatın.

k) Bu arada, yumurta aklarını, çırpma teli takılı bir stand mikserinin kasesinde orta hızda, yumurta akları yumuşak zirvelere ulaşıncaya kadar çırpın.

l) Şurubu ocaktan alın ve çırpıcıyı tam hızda kullanarak sıcak şurubu ince bir akış halinde yavaşça yumurta beyazlarının üzerine dökün. Beze çok kalın ve parlak olana ve kase dokunulabilecek kadar soğuyana kadar çırpmaya devam edin.

m) Tereyağını yavaş yavaş ekleyin ve her eklemeden sonra, tereyağlı krema pürüzsüz ve kalın hale gelinceye kadar çırpın.

n) Soğutulmuş karameli kremalı kremaya dökün ve tamamen karışana kadar çırpın. Kullanmaya hazır olana kadar tereyağı kremasını soğutun.

o) Petek yapın. Şekeri ve altın şurubu derin, orta boy bir tavaya koyun ve kısık ateşte koyun. Şeker ve şurup çözüldükten sonra, şurup termometrede 150°C'ye ulaşana kadar ısıyı hızlı bir şekilde kaynatın.

ö) Bikarbonat sodayı dökün ve karıştırmak için hafifçe çırpın. Köpüren petek karışımını, pişirme kağıdı serili fırın tepsisine hızla dökün. Tamamen kurumasını bekleyin (sadece birkaç dakika), ardından parçalara ayırın.

DACQUOISE'IN MONTAJI İÇİN

p) Beze katmanlarından birini geniş, düz bir servis tabağına yerleştirin ve beze tereyağlı kremanın üçte biri ile yayın. Üzerine başka bir beze tabakası koyun ve çikolatalı ganajı yayın. Son beze katmanını üstüne koyun.

r) Kalan tereyağlı kremanın ¼'ünü ayırın ve geri kalanını üst ve yanlara yayın.

s) Ayırdığınız tereyağlı kremayı yıldız uçlu sıkma torbasına dökün ve bezeli tereyağlı kremayı dakuazın üst kenarına doğru sıkın.

ş) Kavrulmuş bademleri dakuazın kenarlarına bastırın ve soğuması için buzdolabına koyun.

t) Kullanıyorsanız şeker kubbesini yapın. Şekeri, glikozu ve 3 yemek kaşığı suyu, düşük ateşte ayarlanmış küçük bir tencereye koyun. Şeker eridikten sonra, şurup termometrede 145°C'ye ulaşana kadar ısıyı hızlı bir şekilde kaynatın. Sıcaklık 115°C'ye düşene kadar şekeri soğutun.

u) Kek halkasını kasenin üzerindeki streç film yüzeyinin üzerine yerleştirin ve şurubu dikkatlice halkanın ortasına dökün. Şeker kubbesinin yavaşça yukarı doğru yükselmesini teşvik ederek, kek halkasının dış kısmına parmak uçlarınızla hafif bir baskı uygulayın. Kubbe sertleşirken 5-10 dakika boyunca eşit basınç uygulayın. Kek halkasını şeker kubbesinin tabanından dikkatlice çıkarın.

ü) Bal peteği parçalarını dakuaazın kenarına, boru şeklindeki tereyağlı krema ile bir halka oluşturacak şekilde yerleştirin ve ortasına bir miktar bal peteği yerleştirin. Şekerden kubbe yaptıysanız dakuazın ortasına yerleştirin.

v) Derhal servis yapın.

42.Tuzlu Karamelli Elmalı Turta

İÇİNDEKİLER:

PIE KABUK (Yapımı: 2 KABUK):
- 2 ½ bardak Çok Amaçlı Un
- 1 çay kaşığı Koşer Tuzu
- 1 yemek kaşığı toz şeker
- ½ pound soğuk tuzsuz tereyağı
- 1 bardak soğuk su
- ¼ bardak elma sirkesi

2 BÖREYE YETER):
- 1 su bardağı toz şeker
- ¼ fincan tuzsuz tereyağı
- ½ bardak ağır krem şanti
- ½ çay kaşığı deniz tuzu

ELMALI TURTA DOLGU (Yapımı: 1 Turtaya Yeter):
- 3 pound Granny Smith Elmaları
- 1 yemek kaşığı toz şeker
- Gerektiği kadar limon suyu (yaklaşık ¼ bardak)
- 2-3 dilim Angostura Bitters
- ⅓ bardak çiğ şeker
- ¼ çay kaşığı öğütülmüş tarçın
- ¼ çay kaşığı öğütülmüş yenibahar
- Bir tutam taze rendelenmiş hindistan cevizi
- ¼ çay kaşığı Koşer tuzu
- 2 yemek kaşığı Çok Amaçlı Un
- 2 yemek kaşığı mısır nişastası
- 1 yumurta (yumurta yıkamak için)
- Bitirmek için ham şeker

TALİMATLAR:

PIE KABUK İÇİN:

a) Bir kapta un, tuz ve şekeri karıştırın.

b) Soğuk tereyağını un karışımına rendelemek için peynir rendesi kullanın.

c) Ayrı olarak küçük bir kapta su ve sirkeyi birleştirin. Serin tut.

ç) Ellerinizi birleştirmek için kullanarak, birleşene kadar un karışımına yavaş yavaş 2 yemek kaşığı su/sirke karışımı ekleyin. Bazı

d) kuru parçalar kalabilir; tamamdır.
e) Hamuru 2 parçaya ayırın ve her parçayı ayrı ayrı streç filmle sarın. En az bir saat veya gece boyunca soğuması için buzdolabına koyun. Not: 3 haftaya kadar dondurulabilir.
f) Soğutulmuş pasta hamurunun bir bölümünü hafifçe unlanmış bir yüzeye ayrı ayrı açın (her bölüm bir kabuktur).
g) Rulo kabuğunu 9 inçlik yağlanmış bir pasta tepsisine yerleştirin.

KARAMEL İÇİN:
ğ) Bir tencerede şekeri kısık ateşte eritin. Yanmasına izin VERMEYİN.
h) Şeker eridikten sonra ocaktan alın. Tereyağını çırpın.
ı) Ağır krem şanti ve deniz tuzunu karıştırın.
i) Soğumaya bırakın.

ELMALI TURTA DOLGUSU İÇİN:
j) Elmaları soyun, çekirdeklerini çıkarın ve doğrayın. 8 litrelik konteynere yerleştirin. Her parçayı limon suyu ve 1 yemek kaşığı toz şekerle karıştırın.
k) Elmaları bitter, çiğ şeker, öğütülmüş tarçın, yenibahar, hindistan cevizi, koşer tuzu, çok amaçlı un ve mısır nişastası serpin.
l) İyice karıştırın.
m) Elmaları hafifçe ortasına yerleştirerek, hazırladığınız pasta kabuğunun içine elmaları sıkıca katlayın.
n) ¾ bardak soğumuş karamel sosunu elmaların üzerine eşit şekilde dökün.
o) pasta kabuğu hamurunu pastanın üst kabuğu olarak açın ; İstenirse bir kafes oluşturun. İki pasta kabuğunun kenarlarını birbirine kıvırın.
ö) Pastayı pişirmeden önce 10-15 dakika soğutun.
p) 400 derecede 20 dakika pişirin; 375 derecede 30 dakika daha pişirin. Pişirirken bir kenarı kararırsa pastayı mutlaka çevirin.
r) Servis yapmadan önce 2-3 saat soğumaya bırakın. 7 dilime kesin.

43. Klasik Fransız Crème au Caramel

İÇİNDEKİLER:

- 1 ½ su bardağı şeker, bölünmüş
- ¼ çay kaşığı limon suyu
- 2 bardak tam yağlı süt
- 1 bardak ağır krema
- 2 büyük yumurta
- 3 büyük yumurta sarısı
- 1 tutam tuz
- 2 çay kaşığı saf vanilya özü

TALİMATLAR:

a) Fırını önceden 325°F'ye (163°C) ısıtın.
b) Bir tencereye 1 su bardağı şekeri, limon suyunu ve 2 çay kaşığı suyu ekleyin.
c) Orta-düşük ateşte ısıtın ve tahta bir kaşıkla karıştırın veya şeker koyu kahverengi bir renk alana kadar tavayı çevirin; bu yaklaşık 6 ila 8 dakika sürer. Karamel kolayca yanabileceğinden dikkatli olun ve tencereyi gözetimsiz bırakmayın.
ç) Karamel'i 4 ila 5 (6 ons) ramekin tabanına eşit şekilde bölün.
d) Her bir ramekinin tabanını ve yanlarını hafifçe yukarı doğru kaplamak için karameli döndürün. Onları bir kenara koyun.
e) Ayrı bir tencerede, sütü ve ağır kremayı orta-düşük ateşte, sadece sıcak olana ancak kaynamayan hale gelinceye kadar ısıtın. Isıdan çıkarın.
f) Büyük bir kapta yumurtaları, yumurta sarılarını ve yarım bardak şekeri iyice karışana kadar çırpın.
g) Sıcak sütü yavaş yavaş ekleyerek, her seferinde bir kepçe ekleyerek, yumurtalarla tamamen karışana kadar çırpın. Daha sonra tuz ve vanilya özütünü ekleyip çırpın.
ğ) Her bir ramekindeki karamelin üzerine muhallebi karışımını dökün.
h) Ramekinleri bir kızartma tavasına yerleştirin. Kaynar suyu kızartma tavasının tabanına dikkatlice dökün, sıçratmamaya veya ramekinlerin içine dökmemeye dikkat edin.
ı) Kızartma tavasını fırınınızın alt rafına koyun ve 20 ila 25 dakika ya da muhallebi hala titreyene kadar ancak hazır olana kadar pişirin.

i) Maşa veya sıcak bir ped kullanarak ramekinleri kızartma tavasından çıkarın. Hafifçe soğumalarını bekleyin, ardından her birini plastik ambalajla sarın ve en az 3 saat veya 24 saate kadar buzdolabına koyun.

j) Servis yapmak için keskin bir bıçak kullanarak muhallebiyi her ramekinin kenarı boyunca gevşetin. Daha sonra muhallebiyi tabağa alıp hemen servis yapın.

k) Lezzetli Klasik Fransız Crème au Caramel'inizin tadını çıkarın!

44.Türk Fındıklı Karamelli Sütlaç

İÇİNDEKİLER:
- 1 su bardağı kırık pirinç
- 1 su bardağı sıcak su
- 5 bardak süt
- 1 bardak ağır krema
- 1 su bardağı toz şeker
- 1 yemek kaşığı pirinç unu
- 1 paket vanilya özü

Üzeri için:
- 1 su bardağı toz şeker
- ¼ bardak ağır krema
- 1 su bardağı fındık

TALİMATLAR:
a) Pirinci sıcak suda 5 dakika haşlayın. Daha sonra ısıtılmış sütü ekleyin ve pirinçler yumuşayıncaya kadar hızla karıştırarak pişirin.

b) Ayrı bir kapta kremayı, toz şekeri ve pirinç ununu karıştırın. Daha sonra bu karışımı tencereye ekleyin ve hızlıca karıştırın. Kıvam alınca vanilya özütünü ekleyip karıştırın.

c) Karışımı servis kaselerine paylaştırıp bir kenara bırakın.

ç) Üzeri için ayrı bir tencerede toz şekeri eritin. Başka bir kapta ağır kremayı ısıtın. Eritilmiş şekeri kremaya ekleyin ve karıştırın. Soğumaya bırakın.

d) Fındıkları bir tavada kavurun ve soğumuş karamel karışımına ekleyin.

e) Her porsiyon sütlaç üzerine bir çorba kaşığı fındıklı karamel karışımından dökün.

f) Fındıklı Karamelli Sütlaçınızı servis edin ve afiyetle yiyin!

45.Karamelli Macchiato Mus

İÇİNDEKİLER:
- 1 bardak ağır krema
- 2 yemek kaşığı pudra şekeri
- 2 yemek kaşığı karamel sosu
- 2 yemek kaşığı hazır kahve granülü
- ½ çay kaşığı vanilya özü
- Garnitür için çırpılmış krema ve karamel çiseleme (isteğe bağlı)

TALİMATLAR:
a) Bir karıştırma kabında kremayı, pudra şekerini, karamel sosunu, hazır kahveyi ve vanilya özünü yumuşak zirveler oluşana kadar çırpın.

b) Muslu karışımı servis bardaklarına veya kaselere paylaştırın.

c) Musun sertleşmesine izin vermek için en az 2 saat buzdolabında saklayın.

ç) Servis yapmadan önce isteğe göre bir parça çırpılmış krema ve biraz karamel sos ile süsleyin.

46.Karamelli Portakallı Bavarois

İÇİNDEKİLER:
BAVAROIS İÇİN:
- 3 Portakal
- ½ Limon
- 3 yumurta
- 100g Şeker
- 4 Jelatin Levha
- 250ml Krem
- 1 atış Cointreau

KARAMEL İÇİN:
- 100g Şeker

TALİMATLAR:

a) Üç portakaldan ikisini sıkın ve suyunu ince bir süzgeçten geçirin. Meyve suyuna yarım limonun suyunu ve bir miktar ince rendelenmiş limon kabuğu rendesini ekleyin.

b) Jelatin tabakalarını soğuk suya batırın ve kremayı çırpın.

c) Biraz su kaynatın (pişirme tavasında). Bu, yumurtaları benmari usulü çırpmak için kullanılacaktır.

Çırpma:

ç) Yumurtaları ısıya dayanıklı kaseye ekleyin ve bu kaseyi pişirme kabının üzerine yerleştirin. Kasenin suya temas etmediğinden emin olun.

d) Su kaynadıktan sonra ısıyı azaltın. Yumurtaları açık sarı ve kabarık hale gelinceye kadar çırpmak için bir çırpma teli kullanın. Tüm büyük kabarcıkları çıkarın.

JELATİN:

e) tüm jelatinin çözünmesini sağlamak için bunu kaynatın.

f) Geri kalan portakal suyunu ve Cointreau'yu yavaş yavaş ısıya dayanıklı kaseye dökün. Kaşık kaşık şekeri ekleyin. 5 dakika daha çırpmaya devam edin.

g) Kaseyi ocaktan alın ve ılık portakal suyunu (jelatinli) dökün. Bunu 2 dakika daha çırpın, ardından çırpılmış kremayı ekleyin.

ğ) Bavarois karışımını bardaklara dökün ve yaklaşık 4-6 saat buzdolabında saklayın.

KARAMEL:

h) Yapışmaz bir fırın tepsisine şekeri ve 4 yemek kaşığı suyu ekleyin. Kristalleşmeyi önlemek için tavanın kenarlarını suyla fırçalayın.
ı) Karameli düşük-orta ateşte yapın.
i) Yağlı kağıdın üzerine ince bir tabaka halinde paylaştırın ve ısıya dayanıklı derin bir kaba yerleştirin.
j) Karamel kahverengileşince dikkatlice derin tabağa dökün. Karamelin tamamen soğumasını bekleyin.
k) Bavarois'in üzerine portakal dilimleri ve soğutulmuş karamel ekleyin.

47.Biberiye Karamel Pot de Crème

İÇİNDEKİLER:
- 2 bardak tam yağlı süt
- 1 su bardağı toz şeker
- 1 dal taze biberiye
- 6 büyük yumurta sarısı
- 1 çay kaşığı vanilya özü
- Garnitür için lapa lapa deniz tuzu

TALİMATLAR:
a) Bir tencerede sütün tamamını ve toz şekeri kaynama noktasına gelene kadar ısıtın.
b) Taze biberiye dalını süt karışımına ekleyin ve 15 dakika demlenmesini bekleyin.
c) Biberiyeyi çıkarın ve süt karışımını tekrar kaynatın.
ç) Ayrı bir kapta yumurta sarılarını ve vanilya özütünü iyice birleşene kadar çırpın.
d) Sıcak biberiyeli süt karışımını sürekli çırparak yavaşça yumurta sarısına dökün.
e) Karışımı ayrı ayrı krema kaplarına dökün ve servis yapmadan önce en az 3 saat buzdolabında saklayın.
f) Servis yapmadan önce her kremanın üzerine bir tutam pul pul deniz tuzu serpin.

48.Tiramisu Turtası

İÇİNDEKİLER:
KARAMEL İÇİN
- 150 gr Şeker
- 15 gr Su
- 10 gr Limon suyu

BLANŞ İÇİN
- 284 gr Mascarpone %0 Laktoz
- 284g Laktozsuz süt
- 270g Yumurta (4 L yumurta)
- 160g Şeker
- 10g Hazır kahve

TALİMATLAR:
karamel :
a) Şekeri, limonu ve suyu bir tencereye koyun.
b) Orta ateşte koyun ve altın rengine dönene kadar bırakın.
c) Sıcak karamelleri dariole kalıbına yerleştirin.

TURTA
a) Mascarpone %0 Laktozu diğer tüm malzemelerle blender yardımıyla karıştırın.
b) Kremalı karışımı karamelize edilmiş kalıba dökün ve 150°C fırında benmari usulü 30 dakika pişirin.
c) Fırından çıkarın ve kalıptan çıkarmadan önce 2 saat buzdolabında bekletin.

49.Karamel soslu waffle dondurma

İÇİNDEKİLER:
- Gofretler
- Vanilyalı dondurma
- Karamel sosu
- Seçtiğiniz malzemeler: çırpılmış krema, çikolata şurubu, kıyılmış fındık, serpme vb.

TALİMATLAR:
a) Waffle'ları tercihinize göre hazırlayın. Önceden hazırlanmış waffle'ları ısıtmak için ekmek kızartma makinesi veya fırını kullanabilir veya waffle makinesi kullanarak taze waffle yapabilirsiniz.

b) Waffle'lar hazır olduğunda, biraz soğumalarını bekleyin, böylece sıcak olsunlar ama çok sıcak olmasınlar.

c) Dondurmanızın tabanı olarak bir tabağa veya kaseye sıcak waffle koyun.

ç) Waffle'ın üzerine bir veya iki kaşık vanilyalı dondurma ekleyin.

d) Dondurmanın üzerine bol miktarda karamel sosu gezdirin.

e) Krem şanti, çikolata şurubu, kıyılmış fındık veya serpme gibi arzu ettiğiniz ilave malzemeleri ekleyin.

f) İstenirse katmanları başka bir waffle, dondurma, karamel sosu ve soslarla tekrarlayın.

g) Waffle dondurmanızı hemen servis edin ve çıtır waffle, kremalı dondurma ve nefis karamel sosu kombinasyonunun tadını çıkarın.

50.B anana Karamel kremalı Krep s

İÇİNDEKİLER:
EV YAPIMI KREM KARAMEL İÇİN:
- 1 su bardağı toz şeker
- ¼ bardak su
- 4 büyük yumurta
- ½ su bardağı toz şeker
- 2 bardak tam yağlı süt
- 1 çay kaşığı vanilya özü

KREPLER İÇİN:
- 6 Hazır Krep

MUZLU KARAMEL KREM DOLGUSU İÇİN:
- 4 Muz, bölünmüş kullanım
- 8 onsluk ev yapımı kremalı karamel kabı
- Aromalı yoğurt
- ½ fincan Krem şanti veya dondurulmuş süt içermeyen çırpılmış sos, çözülmüş, ayrıca Garnitür için ilave
- Akçaağaç veya çikolata şurubu

TALİMATLAR:
EV YAPIMI KREM KARAMELİNİN HAZIRLANIŞI:
a) Küçük bir tencerede 1 su bardağı toz şeker ile ¼ su bardağı suyu birleştirin.
b) Karışımı orta-yüksek ateşte karıştırmadan ısıtın.
c) Koyu kehribar rengine dönüşene kadar kaynamaya bırakın. Karamelleşmenin eşit olmasını sağlamak için tavayı ara sıra çevirin. Bu yaklaşık 8-10 dakika sürebilir.
ç) Karamel istenilen renge ulaştığında hemen 9 inçlik yuvarlak kek kalıbının tabanına dökün. Tabanı eşit şekilde kaplamak için tavayı eğin.
d) Karamel kaplı tavayı soğuması ve sertleşmesi için bir kenara koyun.
MALZEME HAZIRLANIŞI:
e) Bir karıştırma kabında 4 büyük yumurtayı ve ½ su bardağı toz şekeri iyice karışana kadar çırpın.
f) Sürekli çırparak yumurta-şeker karışımına 2 bardak tam yağlı sütü yavaş yavaş ekleyin.
g) Muhallebi tatlandırmak için 1 çay kaşığı vanilya özütünü karıştırın.
ğ) Fırınınızı önceden 350°F (175°C) ısıtın.
h) Kek kalıbındaki sertleşmiş karamelin üzerine muhallebi karışımını dikkatlice dökün.
ı) Kek kalıbını daha büyük, fırına dayanıklı bir kabın içine (kızartma tavası gibi) yerleştirin.
i) Büyük tabağa kek kalıbının yarısına kadar sıcak su ekleyerek bir su banyosu oluşturun. Bu, karamelli muhallebiniz için eşit pişirme ve pürüzsüz bir doku sağlamaya yardımcı olur.
j) Büyük kabı alüminyum folyo ile kaplayın.
k) Tüm kurulumu önceden ısıtılmış fırına yerleştirin.
l) Yaklaşık 45-50 dakika veya muhallebi sertleşinceye kadar, ancak ortası hala hafifçe titreyene kadar pişirin.
m) Tavayı fırından çıkarın ve oda sıcaklığına soğumasını bekleyin.
n) En iyi sonuçları elde etmek için kremalı karamel soğuduktan sonra en az 4 saat veya gece boyunca buzdolabında saklayın.
o) Servis yaparken karamelleri gevşetmek için tavanın kenarına bir bıçak gezdirin. Servis tabağını tavanın üzerine baş aşağı yerleştirin ve karamelin tabağa yayılması için hızla ters çevirin. Karamel muhallebinin üzerinden akarak güzel bir kaplama oluşturacaktır.

ö) Ev yapımı kremalı karamelinizi muhallebinin üzerine gezdirerek karamel sosunu dilimleyip servis edin.
p) Soğumasını bekleyin, ardından sertleşene kadar buzdolabında saklayın.
r) Muzlu Karamel Krema Dolgusunun Hazırlanışı:
s) 2 muzu mutfak robotuna veya blendera koyun ve pürüzsüz hale gelinceye kadar karıştırın.
ş) Harmanlanan muzlara yoğurt ekleyin ve iyice birleşene kadar karıştırın.
t) ½ bardak çırpılmış kremayı veya çözülmüş süt içermeyen çırpılmış sosları karıştırın.

KREPLERİ BİRLEŞTİRİN:
u) Her servis tabağına bir Krep yerleştirin.
ü) Ev yapımı kremalı karameli her Krepin üzerine eşit şekilde paylaştırın.
v) Kalan muzları madeni paralar halinde dilimleyin.
y) Kalan muz dilimlerini her Krepteki kremalı karamelin üzerine paylaştırın.
z) Her Krep'e bir parça çırpılmış krema veya süt içermeyen çırpılmış sos ekleyin.
aa) Her Krepin üzerine akçaağaç veya çikolata şurubunu gezdirin.

51. Cevizli ve Karamelli Dondurmalı Sandviçler

İÇİNDEKİLER:
- 1 ½ su bardağı çok amaçlı un
- ½ çay kaşığı karbonat
- ¼ çay kaşığı tuz
- ½ bardak tuzsuz tereyağı, yumuşatılmış
- ½ su bardağı toz şeker
- ½ su bardağı paketlenmiş esmer şeker
- 1 büyük yumurta
- 1 çay kaşığı vanilya özü
- ½ su bardağı kıyılmış ceviz
- 1 litre karamelli girdaplı dondurma
- Üzerine sürmek için karamel sos

TALİMATLAR:
a) Fırınınızı önceden 375°F'ye (190°C) ısıtın ve fırın tepsisini parşömen kağıdıyla kaplayın.
b) Bir kapta un, kabartma tozu ve tuzu birlikte çırpın.
c) Ayrı bir karıştırma kabında yumuşatılmış tereyağını, toz şekeri ve esmer şekeri hafif ve kabarık olana kadar krema haline getirin. Yumurta ve vanilya özütünü ekleyin ve iyice birleşene kadar karıştırın.
ç) Kuru malzemeleri yavaş yavaş tereyağı karışımına ekleyin ve birleşene kadar karıştırın. Kıyılmış cevizleri karıştırın.
d) Hazırlanan fırın tepsisine yuvarlak yemek kaşığı dolusu hamur bırakın ve aralarında yaklaşık 2 inç boşluk bırakın. Her hamur topunu avucunuzun içinde hafifçe düzleştirin.
e) 10-12 dakika veya kenarları altın rengi kahverengi olana kadar pişirin. Çerezlerin tamamen soğumasını bekleyin.
f) Karamelli dondurmadan bir kepçe alın ve iki kurabiyenin arasına sıkıştırın. Karamel sosu gezdirin.
g) Dondurmalı sandviçleri servis yapmadan önce sertleşmesi için en az 1 saat dondurucuya koyun.

52. Yanmış Karamelli Bourbon ve Şekerleme Dondurma

İÇİNDEKİLER:

- 1 ½ su bardağı tam yağlı süt
- 1 ½ yemek kaşığı mısır nişastası
- ½ fincan en sevdiğiniz burbon
- 1 ¼ bardak ağır krema
- 2 yemek kaşığı hafif mısır şurubu
- 4 yemek kaşığı mascarpone peyniri, yumuşatılmış
- ¼ çay kaşığı tuz
- ⅔ su bardağı toz şeker
- Heath cipsi veya doğranmış Heath bar gibi ¾ fincan sütlü çikolatalı şekerleme parçaları

TALİMATLAR:

a) Sütü ölçün. 2 yemek kaşığı süt alın ve sürekli karıştırarak bir bulamaç oluşturmak için mısır nişastasıyla birleştirin. Bir kenara koyun. Burbonu süte ekleyin.

b) Ağır kremayı ölçün ve üzerine mısır şurubunu ekleyin. Mascarpone'u geniş bir kaseye ekleyin ve tuzu ekleyip çırpın. Bir kenara koyun.

c) Yanmış karamel yapmak için büyük bir tencereyi orta ateşte ısıtın ve şekeri ekleyin, tek kat olmasına dikkat edin ve tencerenin dibini tamamen kaplayın. Şeker erimeye başlayıncaya ve dış kısımları karamel olup eriyene kadar izleyin.

ç) Ortasında çok az miktarda beyaz şeker kaldığında, ısıya dayanıklı bir spatula kullanarak eriyen şekeri kenarlardan merkeze doğru kazıyın.

d) Şekerin tamamı eriyene kadar bu işlemi sürdürün ve iyice karıştırın. Şekerin köpürmeye başladığını ve kenarlarından kabarcıklar çıkıp duman çıkardığını ve şekerin koyu kehribar rengine dönüştüğünü izleyin, ocaktan alın. YANIK yanmadan hemen önce onu gerçekten değerlendirmenin tek yolu, dikkatlice üstüne çıkıp koklamak/izlemektir. Ocaktan aldığınız anda krema/mısır şurubu karışımından birkaç yemek kaşığı ekleyin ve birleştirmek için sürekli çırpın. Kalan kremayı yavaş yavaş ve sürekli çırparak ekleyin.

e) Tencereyi tekrar orta ateşe yerleştirin ve süt/bourbon karışımını ekleyin. Karışımı kaynayan bir kaynamaya getirin.

f) 4 dakika kaynatın. Ateşten alın ve mısır nişastası bulamacında çırpın, birleştirmek için çırpın. Tekrar ateşe verin ve spatulayla karıştırarak, hafif koyulaşana kadar 1-2 dakika daha pişirin. Karışımı mascarpone ile birlikte büyük kaseye yavaşça dökün ve birleştirmek için çırpın.

g) Büyük bir kaseyi buz ve buzlu suyla doldurun, galon büyüklüğünde açık bir kilitli torbayı suya, alt kısmı aşağıya gelecek şekilde yerleştirin. Karışımı dikkatlice torbaya dökün, havasını dışarı doğru bastırın ve kapatın. 30-45 dakika soğutun.

ğ) Soğuduktan sonra talimatlara göre çalkalayın .

h) Çalkalandıktan sonra dondurucuya uygun bir kaba yayın ve üzerine bir parça plastik ambalaj koyarak dondurmaya bastırın. Servis yapmadan önce 4-6 saat dondurun. Not: Bu dondurma yumuşaktır!

53.Karamel Macchiato Affogato

İÇİNDEKİLER:
- 1 kaşık karamelli gelato veya dondurma
- 1 shot espresso
- karamel şurubu
- şanti.

TALİMATLAR:
a) Servis bardağına bir kepçe karamelli gelato veya dondurma koyun.
b) Gelatonun üzerine bir shot sıcak espresso dökün.
c) Karamel şurubu gezdirin.
ç) Üstüne çırpılmış krema ekleyin.

54. Karamelli Gelato

İÇİNDEKİLER:
- 2 bardak tam yağlı süt
- ¼ bardak yumurta sarısı
- ¼ su bardağı beyaz toz şeker
- ¼ çay kaşığı vanilya özü
- ½ su bardağı karamel sosu
- 1 bardak ağır krema
- ⅛ çay kaşığı tuz

TALİMATLAR:
a) Sütün tamamını ve ağır kremayı küçük bir tencerede birleştirin ve orta ateşte kaynatın. Kaynamaya başlayınca ısıyı kapatın ve tavayı sıcak ocaktan alın.

b) Karamel sosunu süt karışımına ekleyin ve birleştirmek için çırpın.

c) Krema ve süt karışımının kaynamasını beklerken yumurta sarılarını ve şekeri, rengi açılıp köpürene kadar çırpın. Bir süre çırpmanız gerekeceğinden bu adımı gerçekleştirmek için elektrikli bir karıştırıcı kullanmak isteyebilirsiniz !

ç) Yumurta sarılarını çırparken, sıcak süt karışımını yavaş yavaş sarıların üzerine dökün, sürekli çırparak dökün, böylece yanlışlıkla sütün sıcaklığıyla yumurtaları pişirmemiş olursunuz.

d) Süt ve yumurta karışımını tekrar tencereye ekleyin ve ocağa geri dönün, kısık ateşte, kaşık arkasını kaplayacak kıvama gelinceye kadar pişirin. ancak bunu yaparken karıştırmaya devam ettiğinizden emin olmanız gerekir. Sütü kaynatmayın ve karışımda topaklar oluştuğunu görürseniz karışımı ocaktan alıp süzgeçten geçirin.

e) Gelato karışımını buzdolabında tamamen kapalı olarak en az 4 saat veya mümkünse gece boyunca soğumaya bırakın.

f) Gelato karışımı soğuduktan sonra bir dondurma makinesine dökün ve dondurma makinesinin talimatlarına göre gelatoyu dondurun. Gelato, dondurma makinesinde yapıldığında yumuşak servis dondurma dokusuna sahip olacaktır . Bu aşamada dondurucuya uygun bir kaba alıp en az iki saat dondurucuda bekletin. Zevk almaya hazır olduğunuzda güzel ve soğuk servis yapın!

55.Hindistan Cevizli-Cajeta Rulo Dondurma

İÇİNDEKİLER:

CAJETA
- 2 bardak keçi sütü
- 1 su bardağı toz şeker
- ½ çay kaşığı vanilya özü

TEMEL
- 1 su bardağı krema
- ½ bardak Yoğunlaştırılmış Süt
- 2 ila 3 damla hindistan cevizi özü
- ⅓ bardak Cajeta

TALİMATLAR:

CAJETA

a) Kalın dipli bir tencerede keçi sütünü ve şekeri birleştirin.
b) Karışımı kısık ateşte, şeker eriyene kadar sürekli karıştırarak ısıtın.
c) Şeker eridikten sonra ısıyı orta dereceye yükseltin ve karışımı kaynama noktasına getirin.
ç) Isıyı en aza indirin ve ara sıra karıştırarak yaklaşık 1 ila 1,5 saat veya karışım koyulaşıp karamel rengine dönene kadar kaynamaya devam edin.
d) Ateşten alın ve vanilya özütünü ekleyerek karıştırın.
e) Dondurma tarifinde kullanmadan önce cajeta'nın oda sıcaklığına soğumasını bekleyin.

TEMEL

f) Temiz ve geniş bir fırın tepsisine kremayı ve yoğunlaştırılmış sütü ekleyin.
g) Karışıma 2 ila 3 damla hindistan cevizi özü ekleyin.
ğ) Daha sonra, krema karışımının üzerine ⅓ bardak ev yapımı cajeta'yı eşit şekilde gezdirin.
h) Karışımı fırın tepsisine eşit şekilde yaymak için bir spatula kullanın.
ı) Tepsiyi dondurucuya koyun ve gece boyunca donmasını bekleyin.
i) Ertesi gün tepsiyi dondurucudan çıkarıp oda sıcaklığında birkaç dakika bekleterek biraz yumuşamasını sağlayın.
j) Aynı spatulayı kullanarak dondurmayı tepsinin bir ucundan diğer ucuna dikkatlice yuvarlayarak dondurma ruloları oluşturun.
k) İstenirse ekstra ev yapımı cajeta ile servis yapın ve süsleyin.

56. Dulce De Leche Baileys Pops

İÇİNDEKİLER:

DULCE DE LECHE İÇİN:
- 1 kutu (14 ons) şekerli yoğunlaştırılmış süt

POPS İÇİN:
- 8 ons krem peynir - yumuşatılmış
- ½ bardak) şeker
- ½ bardak ekşi krema
- ¾ bardak yarım buçuk
- ¼ bardak Baileys - artı 2 yemek kaşığı
- ⅔ bardak dulce de leche
- ½ bardak tarçınlı mısır gevreği - ezilmiş

TALİMATLAR:

DULCE DE LECHE İÇİN:

a) Şekerli yoğunlaştırılmış sütü bir tencereye dökün.
b) Sürekli karıştırarak düşük ila orta-düşük ateşte ısıtın.
c) Yaklaşık 1 ila 1,5 saat veya karışım koyulaşıp karamel rengine dönene kadar pişirmeye ve karıştırmaya devam edin.
ç) Pops tarifinde kullanmadan önce ocaktan alın ve oda sıcaklığına soğumasını bekleyin.

POPS İÇİN:

d) Stand mikserinizin kürek aparatıyla donatılmış kasesinde, krem peyniri ve şekeri yaklaşık 3 dakika krema haline getirin. Kenarlarını kazıyın ve ekşi kremayı, yarım buçuk ve ¼ bardak Baileys'i ekleyin. Düşük hızda birleşene kadar çırpın.
e) Karışımın bir katmanını 8 pop kalıbına veya küçük fincanlara dökün.
f) Dondurucuya koyun ve 2 saat bekletin.
g) Dulce de leche'yi ve kalan 2 yemek kaşığı Baileys'i bir kasede karıştırın. Kaşıkla ⅔'ünü kilitli bir torbaya koyun ve köşesini kesin.
ğ) Popları dondurucudan çıkarın ve her birinin üzerine bir kat dulce de leche sıkın. Bir pop stick ekleyin ve üzerine kalan krem peynir karışımını ekleyin. 4 ila 6 saat daha uzun süre donana kadar dondurucuya yerleştirin.
h) Servis etmeye hazır olduğunuzda, patlıcanları kalan dulce de leche karışımına batırın ve ardından ezilmiş mısır gevreğine bulayın. Derhal servis yapın.

57.Karamelli Çikolatalı Ekler

İÇİNDEKİLER:

- 12 adet Eclair kabuğu, doldurulmamış
- 2 su bardağı Karamelli pasta kreması, soğutulmuş
- 1 su bardağı çikolatalı ganaj, oda sıcaklığında

TALİMATLAR:

a) Küçük bir soyma bıçağı kullanarak her ekin her iki ucunda küçük bir delik açın.

b) Küçük düz uçlu bir pasta poşetini soğutulmuş karamelli pasta kremasıyla doldurun.

c) Ucu bir pastanın bir deliğine sokun ve doldurmak için yavaşça sıkın. İşlemi diğer delik için de tekrarlayın.

ç) lezzetli karamelli pasta kremasıyla dolana kadar her eki doldurmaya devam edin .

d) oda sıcaklığındaki çikolatalı ganajla eşit şekilde kaplamak için küçük bir spatula kullanın .

e) Bu nefis karamelli çikolatalı eklerleri servis etmeden önce ganajın soğumasını bekleyin.

58.Kahve Karamel Ayna Sırlı Eklerler

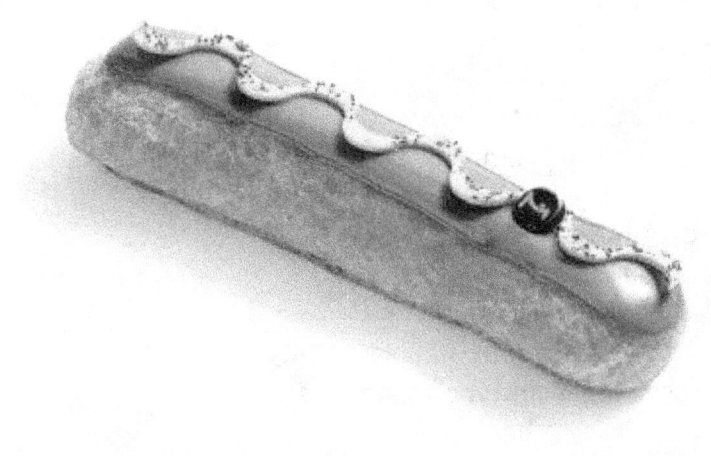

İÇİNDEKİLER:

CHOUX PASTA İÇİN:
- 1 bardak su
- ½ su bardağı tuzsuz tereyağı
- 1 fincan çok amaçlı un
- 4 büyük yumurta

DOLGU İÇİN:
- 2 su bardağı pasta kreması
- 2 yemek kaşığı hazır kahve
- ½ su bardağı karamel sosu

KAHVE KARAMELİ AYNA SIRASI İÇİN:
- ½ bardak su
- 1 su bardağı toz şeker
- ½ su bardağı şekerli yoğunlaştırılmış süt
- 1 ½ su bardağı bitter çikolata, doğranmış
- 2 yemek kaşığı hazır kahve

TALİMATLAR:

PASTA HAMURU:

a) Bir tencerede su ve tereyağını birleştirin. Kaynatın.

b) Unu ekleyin ve karışım bir top oluşana kadar kuvvetlice karıştırın. Ateşten alın.

c) Hamurun biraz soğumasını bekleyin, ardından yumurtaları birer birer ekleyin ve her eklemeden sonra iyice karıştırın.

ç) Hamuru sıkma torbasına aktarın ve eklerleri fırın tepsisine sıkın.

d) Önceden ısıtılmış 190°C (375°F) fırında 25-30 dakika veya altın rengi kahverengi olana kadar pişirin.

DOLGU:

e) Eklerler soğuduktan sonra yatay olarak ikiye bölün.

f) Hazır kahveyi az miktarda sıcak suda eritin. Pastacı kremasına karıştırın.

g) İyice birleşene kadar karamel sosunu kahve aromalı pastacı kremasına ekleyin.

ğ) Her bir pastayı bir sıkma torbası veya kaşık kullanarak kahveli karamel dolgusu ile doldurun.

KAHVE KARAMEL AYNA SIRASI:

h) Bir tencerede su, şeker ve şekerli yoğunlaştırılmış sütü birleştirin. Kaynamaya getirin.
ı) Ocaktan alıp bitter çikolatayı ve hazır kahveyi ekleyin. Pürüzsüz olana kadar karıştırın.
i) Sırın 32-35°C'ye (90-95°F) soğumasını bekleyin.

TOPLANTI:
j) Fazla sırın yakalanması için fırın tepsisinin üzerine tel raf yerleştirin.
k) Her bir pastanın üstünü kahve karamelli ayna sırına batırın ve eşit bir kaplama sağlayın.
l) Fazla sırın akmasını bekleyin, ardından eklerleri tel rafa aktarın.
m) Servis yapmadan önce sırın yaklaşık 15 dakika beklemesine izin verin.
n) Lezzetli Kahve Karamelli Ayna Sırlı Eklerlerinizin tadını çıkarın!

59.Cevizli Karamelli Ekler

İÇİNDEKİLER:
CHOUX PASTA İÇİN:
- 1 bardak su
- ½ su bardağı tuzsuz tereyağı
- 1 fincan çok amaçlı un
- 4 büyük yumurta

DOLGU İÇİN:
- 2 su bardağı karamel aromalı pastacı kreması
- Süslemek için kıyılmış ceviz

KARAMEL SIRASI İÇİN:
- 1 su bardağı toz şeker
- ¼ bardak su
- ½ bardak ağır krema
- ¼ fincan tuzsuz tereyağı

TALİMATLAR:
PASTA HAMURU:

a) Fırınınızı önceden 375°F'ye (190°C) ısıtın ve fırın tepsisini parşömen kağıdıyla kaplayın.

b) Bir tencerede su ve tereyağını birleştirin. Tereyağı eriyene ve karışım kaynayana kadar orta ateşte ısıtın.

c) Ateşten alın, unu ekleyin ve karışım bir top oluşana kadar kuvvetlice karıştırın.

ç) Hamuru birkaç dakika soğumaya bırakın, ardından yumurtaları birer birer ekleyin ve her eklemeden sonra iyice çırpın.

d) Hamuru sıkma torbasına aktarın ve hazırlanan fırın tepsisine eklerleri sıkın.

e) Yaklaşık 30 dakika veya altın rengi kahverengi olana kadar pişirin. Soğumaya bırakın.

DOLGU:

f) Eklerlerin içini karamel aromalı pastacı kremasıyla doldurun. Her bir ekleri doldurmak için sıkma torbası veya küçük bir kaşık kullanabilirsiniz.

g) Doldurduğunuz eklerleri kıyılmış cevizlerle süsleyin.

KARAMEL SIR:

ğ) Ağır dipli bir tencerede, şekeri ve suyu orta ateşte birleştirin. Şeker eriyene kadar karıştırın.

h) Karışımı karıştırmadan kaynamaya bırakın. Karamel koyu kehribar rengine dönene kadar pişirmeye devam edin.

ı) Sürekli karıştırarak ağır kremayı dikkatlice ve yavaş yavaş ekleyin. Karışım köpüreceği için dikkatli olun.

i) Tencereyi ocaktan alın ve tuzsuz tereyağını pürüzsüz hale gelinceye kadar karıştırın.

j) Karamel sırını birkaç dakika soğumaya bırakın, ardından her bir eklerin üstünü karamel sırın içine daldırarak eşit bir kaplama sağlayın. Fazlalığın damlamasına izin verin.

k) Sırlı eklerleri bir tepsiye yerleştirin ve karamel katılaşana kadar soğumaya bırakın.

l) Soğutulmuş olarak servis yapın ve Cevizli Karamelli Eklerlerin tatlı ve cevizli lezzetinin tadını çıkarın!

m) Daha fazla doku için üstüne daha fazla kıyılmış ceviz eklemekten çekinmeyin. Ev yapımı Pekan Karamelli Eklerlerinizin tadını çıkarın!

60.Tuzlu Karamel Soslu Elmalı Sufle

İÇİNDEKİLER:

- Yağlamak için eritilmiş tereyağı
- 4½ Cox elması, soyulmuş, çekirdeği çıkarılmış ve dörde bölünmüş
- 150 gr koyu muscovado şekeri
- ¾ çay kaşığı öğütülmüş tarçın
- 1 vanilya çubuğu, uzunlamasına ikiye kesilmiş, tohumları kazınmış
- 3 orta boy serbest gezinen yumurta, ayrılmış
- 8-10 sünger parmak
- 3 yemek kaşığı kalvados
- 75 gr altın pudra şekeri
- Toz şekere pudra şekeri

TUZLU KARAMEL SOSU İÇİN

- 300ml tek krem
- 1 vanilya çubuğu, uzunlamasına ikiye kesilmiş, tohumları kazınmış
- 190 gr altın pudra şekeri
- 225 gr tuzlu tereyağı, küp şeklinde

TALİMATLAR:

a) Fırını 200°C/180°C fanlı/gaza ısıtın 6. Kalıpların iç kısmına eritilmiş tereyağını sürün. Elmaları bir fırın kabına koyun, üzerine muskovado şekeri ve tarçın serpin, vanilya tohumlarını ve kabuğunu ekleyin, ardından 45 dakika, ara sıra karıştırarak, yumuşayana kadar pişirin.

b) Vanilya çubuğunu çıkarın, elmaları ve meyve sularını bir mutfak robotuna koyun, ardından püre haline getirin. Yumurta sarılarını ekleyin, çırpın ve ardından bir karıştırma kabına aktarın. Fırını 220°C/200°C fan/gaz ayarına getirin 7.

c) Bu arada tuzlu karamel sosunu hazırlayın. Kremayı, vanilya tohumlarını ve kabuğunu bir tencereye koyun ve kaynamaya bırakın. Büyük bir kızartma tavasını orta-yüksek ateşte ısıtın ve her seferinde bir kaşık dolusu olmak üzere 190g altın pudra şekerini ekleyin, her eklemenin bir sonrakini eklemeden önce erimesini sağlayın. Koyu kehribar rengi bir karamel oluşana kadar köpürtün.

ç) Vanilya çubuğunu kremadan çıkarın ve karamelin üzerine dökün, orta ateşte karışana kadar çırpın.

d) Parlak bir sos oluşturmak için tereyağını parça parça çırpın. Sıcak tutun.

e) Pandispanyaları 1-2 cm'lik parçalara bölün ve ramekinlerin tabanlarına yerleştirin.

f) Calvados serpin. Isıtmak için fırına bir fırın tepsisi koyun.

g) Yumurta aklarını temiz bir karıştırma kabına koyun. Elektrikli bir karıştırıcıyla sert zirvelere ulaşana kadar çırpın, ardından 75 g altın pudra şekerini bir kaşık dolusu ekleyin ve her eklemeden sonra tüm şeker karışıncaya kadar tekrar sert zirvelere çırpın.

ğ) Gevşetmek için bir kaşık dolusu bezeyi elma püresine karıştırın, ardından püreyi büyük bir metal kaşık kullanarak sekiz şeklinde hareketle yavaşça bezenin içine katlayın.

h) Ramekinler arasında paylaştırın. Üst kısımları düzleştirmek için bir palet bıçağı kullanın, ardından her suflenin etrafında bir sofra bıçağının ucunu gezdirin.

ı) Ramekinleri fırında sıcak fırın tepsisine koyun.

i) Yükselip altın rengi olana kadar ama yine de ortası hafif bir sallanmayla 12-15 dakika pişirin.

j) Üzerine pudra şekeri serpin ve hemen karamel sosla birlikte servis yapın.

61.Manolyalı Karamelli Bundt Kek

İÇİNDEKİLER:
MANOLYA KEKİ:
- ⅔ bardak badem sütü
- 1 bardak manolya tepals (yaprakları)
- 1 ½ bardak glutensiz un (eşit parçalar tapyoka nişastası ve beyaz pirinç unu, artı her 4 bardak için 1 çay kaşığı ksantan sakızı)
- 1 ½ su bardağı badem unu
- ¼ çay kaşığı öğütülmüş kurutulmuş zencefil
- ⅔ bardak süt içermeyen tereyağı, oda sıcaklığında
- 1 çay kaşığı tatlı nohut miso
- 1 ½ su bardağı toz şeker
- 2 çay kaşığı kabartma tozu
- 1 yemek kaşığı vanilya fasulyesi ezmesi
- 5 büyük yumurta, oda sıcaklığında

ŞEKERLENMİŞ TEPALLER:
- 16 manolya tepesi
- 1 yumurta beyazı
- 1 çay kaşığı votka
- Toz şeker

SIR:
- ½ bardak oda sıcaklığında süt içermeyen tereyağı
- ¾ su bardağı esmer şeker
- 3 yemek kaşığı badem sütü
- 2 su bardağı pudra şekeri

TALİMATLAR:
a) Fırını 325°F'ye önceden ısıtın. 10 bardaklık bir tepsiyi iyice yağlayın.

b) Badem sütünü ve manolya tepalsini bir karıştırıcıda pürüzsüz hale gelinceye kadar karıştırın. Bir kenara koyun.

c) Orta boy bir kapta glutensiz un, badem unu ve öğütülmüş kurutulmuş zencefili birlikte çırpın.

ç) Başka bir kapta süt içermeyen tereyağını ve misoyu birlikte çırpın. Kabartma tozu, vanilya ve toz şekeri ekleyin; pürüzsüz ve kabarık olana kadar çırpın. Yumurtaları teker teker ekleyin ve her eklemeden sonra iyice çırpın.

d) Un karışımının ⅓'ünü ekleyin, birleşene kadar çırpın, ardından manolya sütünün yarısını ekleyin ve birleşene kadar çırpın. Un karışımıyla dönüşümlü olarak başlayıp bitirmeye devam edin. Hamuru tepsiye dökmeden önce her şeyin iyice karıştığından emin olun.

e) 50-60 dakika pişirin, kürdanın temiz çıktığı noktayı geçince. (İç sıcaklık 210°F veya biraz daha yüksek olmalıdır)

ŞEKERLENDİRİLMİŞ MANOLYA TEPALS YAPIN

f) Yumurta beyazını votkayla pürüzsüz hale gelinceye kadar çırpın. Temiz bir boya fırçası kullanarak manolya tepalinin her iki tarafını da karışımla boyayın, şekerli bir tabağa bastırın, çevirin ve diğer tarafını kaplamak için bastırın. Kalan tepals ile tekrarlayın.

g) Tamamen soğuması için pastayı bir rafa çıkarmadan önce 15 dakika boyunca tavada soğumaya bırakın.

ğ) Kek soğurken glazürü hazırlayın. Vegan tereyağını, esmer şekeri ve badem sütünü bir tencerede kısık ateşte kaynatın. Esmer şeker eriyene kadar karıştırın. Ateşten alın ve her seferinde bir bardak pudra şekeri ekleyin, pürüzsüz hale gelinceye kadar iyice çırpın, "çiseleyen" bir kıvam elde edin.

h) Sıcak kekin üzerine glazürü dökün ve eşit şekilde dağıtın. Soğudukça sertleşeceği için, krema hala sıcakken şekerlenmiş manolya yapraklarını pastanın üzerine yerleştirin.

62.Karamel Macchiato Tres Leches Kek

İÇİNDEKİLER:
KREM KARIŞIMI İÇİN:
- 1 (14 ons) yoğunlaştırılmış sütle tatlandırılabilir
- 1 (12 ons) kutu buharlaştırılmış süt
- ½ bardak Ağır Krem Şanti
- 1 fincan soğuk, güçlü kahve
- 1 çay kaşığı vanilya özü

KEK İÇİN:
- 1 ½ su bardağı toz şeker
- ½ bardak Tereyağı, yumuşatılmış
- 1 yemek kaşığı vanilya özü
- 4 büyük Yumurta
- 2 fincan çok amaçlı un
- 1 çay kaşığı kabartma tozu
- 1 çay kaşığı karbonat
- ½ çay kaşığı tuz
- 1 bardak tam yağlı süt

BUZLAMA İÇİN:
- 2 su bardağı Ağır Krem Şanti
- ½ bardak dulce de leche
- 2 yemek kaşığı pudra şekeri
- ⅛ çay kaşığı tuz
- Üzerine serpmek için ısıtılmış dulce de leche (arzu edildiği gibi)

TALİMATLAR:
KREM KARIŞIMI İÇİN:
a) Krema karışımının tüm malzemelerini bir kasede birleştirin; bir kenara koyun.

KEK İÇİN:
b) Fırını önceden 350°F'ye ısıtın. 13x9 inçlik bir kek kalıbını yağlayın ve unlayın; bir kenara koyun.

c) Bir kapta toz şekeri, yumuşatılmış tereyağını ve 1 yemek kaşığı vanilyayı birleştirin. Kombine olana kadar orta hızda çırpın. Yumurtaları ekleyin; Karışım hafif ve kabarık hale gelinceye kadar çırpmaya devam edin.

ç) Başka bir kapta un, kabartma tozu, kabartma tozu ve tuzu iyice karıştırın. Un karışımını tereyağ karışımına ekleyin; iyice birleşene kadar düşük hızda çırpın. Sütü ekleyip iyice karışana kadar çırpmaya devam edin.

d) Hamuru hazırlanan tavaya dökün. 35-40 dakika veya ortasına batırdığınız kürdan temiz çıkana ve üst kısmı güzelce kızarana kadar pişirin. Kek henüz sıcakken kremalı karışımı kekin üzerine dökün. Sıvı tamamen emilene kadar bekletin. En az 4 saat veya gece boyunca buzdolabında bekletin.

BUZLAMA İÇİN:

e) Servis yapmadan hemen önce tüm krema malzemelerini bir kapta birleştirin. Sert zirveler oluşana kadar yüksek hızda çırpın. Kremayı pastanın üst kısmına yayın.

f) İsteğe göre ilave dulce de leche serpin.

63. Kahve-Karamel Soslu Tostada Sundae

İÇİNDEKİLER:

- 1 ila 1½ litre vanilyalı dondurma
- 6 Tatlı Tostada Bardağı
- Kahve-Karamel Sos

TALİMATLAR:

a) Her Tatlı Tostada Kupasının ortasına 2 veya 3 kaşık vanilyalı dondurma koyun.

b) Dondurmanın üzerine Kahve-Karamel Sos ekleyin.

c) Kahve-Karamel Soslu Tostada Sundae'nizi hemen servis edin ve keyfini çıkarın.

64.Karamelli İsviçre Rulosu

İÇİNDEKİLER:

- 4 yumurta, ayrılmış
- ⅓ su bardağı esmer şeker
- 1 yemek kaşığı pudra şekeri
- ½ su bardağı kendiliğinden kabaran un
- 1 yemek kaşığı mısır unu
- 2 yemek kaşığı sıcak süt
- 300 ml koyulaştırılmış krema
- ½ teneke Nestle Top N Dolgu Karamel

TALİMATLAR:

a) Fırını önceden 210C'ye ısıtın. 25x30 cm'lik bir İsviçre rulo kalıbını veya sığ fırın tepsisini pişirme kağıdıyla kaplayın, bazılarının kenarlardan sarkmasına izin verin.

b) Yumurta akını katılaşana kadar çırpın. Esmer şekeri ve pudra şekerini ekleyip parlak bir kıvam alana kadar çırpın. Yumurta sarılarını teker teker ekleyin ve her ekleme arasında iyice çırpın.

c) Un ve mısır ununu birlikte eleyin ve yumurta karışımına katlayın. Son olarak sıcak sütü katlayın.

ç) Karışımı hazırlanan kalıba dökün ve eşit bir tabaka halinde düzeltin. 6 dakika pişirin.

d) Fırından çıkarın ve kalıptan çıkarmak için pişirme kağıdı kullanın. Pişirme kağıdını dikkatlice pandispanyanın kenarlarından çekin. Üstüne başka bir büyük temiz pişirme kağıdı koyun ve kenarlarından tutarak süngeri yavaşça çevirin. Kısa ucu size yakın olacak şekilde tezgahınıza yerleştirin ve süngeri dikkatlice yuvarlayın. Soğumaya bırakın.

e) Kremayı kalınlaşana kadar çırpın. Karamel ekleyin ve iyice birleşene kadar çırpmaya devam edin. Kullanıma hazır olana kadar buzdolabında saklayın.

f) Sünger soğuduğunda dikkatlice açın. Çırpılmış karamel kremayla yayın. Tekrar yuvarlayın, bu sefer pişirme kağıdını çıkarırken çıkarın.

g) Servis tabağına aktarın. Pudra şekeri serpin. Dilimleyip servis yapın.

ğ) Lezzetli ve kolay Karamelli İsviçre Rulonuzun tadını çıkarın!

65.Kahve-Karamelli Swiss Roll

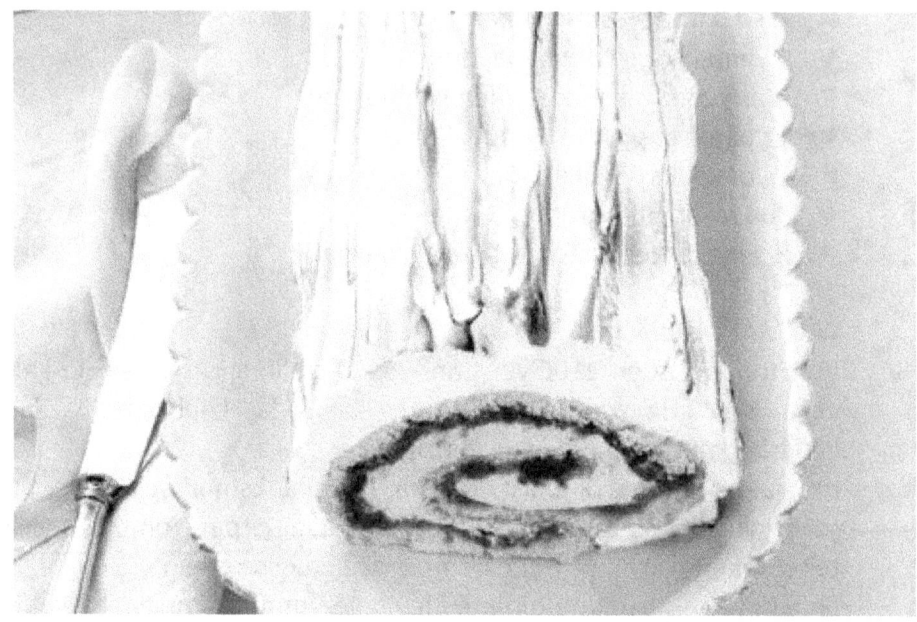

İÇİNDEKİLER:
KEK:
- ¼ bardak aspir yağı, ayrıca fırçalamak için daha fazlası
- 1 ¼ su bardağı kek unu (kendiliğinden kabarmayan)
- ½ çay kaşığı koşer tuzu
- 1 ¼ çay kaşığı kabartma tozu
- ⅓ su bardağı sıcak su
- ¾ su bardağı toz şeker
- 5 büyük yumurta, ayrılmış, oda sıcaklığında
- 1 çay kaşığı saf vanilya özü
- Bir tutam tartar kreması
- Toz alma için şekerleme şekeri

ŞURUP:
- ¼ su bardağı toz şeker
- 1 yemek kaşığı hazır espresso tozu

DOLGU:
- 6 yemek kaşığı toz şeker
- ¼ çay kaşığı koşer tuzu
- 1 ½ bardak ağır krema

BUZLANMA:
- 2 büyük yumurta akı
- ⅔ su bardağı toz şeker
- ½ çay kaşığı tartar kreması
- 2 yemek kaşığı hafif mısır şurubu
- ¼ bardak soğuk su

TALİMATLAR:
a) Fırını 350 dereceye kadar önceden ısıtın. 13 x 18 inç kenarlı bir fırın tepsisini yağla fırçalayın. Altını parşömenle hizalayın; parşömeni yağla fırçalayın.

KEK:
b) Un, tuz ve kabartma tozunu birlikte çırpın.

c) Isıya dayanıklı bir kapta yarım su bardağı toz şeker ile sıcak suyu eriyene kadar çırpın. Yağı, ardından yumurta sarısını ve vanilyayı pürüzsüz hale gelinceye kadar çırpın.

ç) Yumurta aklarını mikserde köpürene kadar çırpın. Tartar kremasını ekleyin ve sert zirveler oluşana kadar çırpın. Yumurta aklarının üçte birini hamura karıştırın ve geri kalanını ekleyin.

d) Hamuru hazırlanan tabakaya yayın; Altın rengi olana kadar, 17 ila 19 dakika pişirin.

e) Kısa bir süre soğutun, ardından bir havluya sarın ve tamamen soğumaya bırakın.

ŞURUP:

f) Bir tencerede toz şeker ve suyu kaynatın; espresso tozunu çırpın.

g) Soğuyuncaya kadar buzdolabında, yaklaşık 30 dakika.

DOLGU:

ğ) Bir tencerede toz şeker, su ve tuzu birleştirin. Kehribar rengine kadar kaynatın ve kremayı ekleyin.

h) Soğuyuncaya kadar buzlu su banyosuna aktarın.

BİRLEŞTİRMEK:

ı) Pastayı açın, üzerine espresso şurubu sürün, dolguyu yayın ve yuvarlayın.

i) En az 8 saat sertleşene kadar buzdolabında saklayın.

BUZLANMA:

j) Isıya dayanıklı bir kapta yumurta aklarını, şekeri, tartar kremasını, mısır şurubunu ve suyu kaynayan suyun üzerinde sert tepeler oluşana kadar çırpın.

k) Pastanın üzerine kremayı yayın. Yer yer kızartmak için mutfak meşalesi kullanın.

l) Dilimleyip servis yapın.

ŞEKER

66.Tuzlu Fıstıklı Guinness Karamelleri

İÇİNDEKİLER:

- 2 bardak / 0,44 l kutu Guinness
- 80 gr tereyağı küp
- 80ml krem şanti
- 1 su bardağı beyaz şeker
- ½ su bardağı rafine edilmemiş şeker veya esmer şeker
- 1 çay kaşığı ince tuz
- 100 gr kavrulmuş ve tuzlanmış fıstık

TALİMATLAR:

a) Tavanın kenarlarını ve altını yağlayın ve fırın kağıdıyla kaplayın.
b) Bir tencerede Guinness'i orta-düşük ateşte ½ bardağa düşürün. Bu yaklaşık 30 dakika sürecektir.
c) Tereyağını ekleyip tamamen eritin. Krem şanti ve şekeri ekleyin. İyice birleşene kadar karıştırın.
ç) Şeker termometresine yerleştirin. Bu noktadan sonra kıpırdamayın.
d) Orta-düşük ısıda, sıcaklık 245 °F – 250 °F arasında bir yere ulaşana kadar pişirin.
e) Bu işlem yaklaşık 25 dakika veya daha fazla sürecektir, ancak karamele her zaman dikkat edin çünkü sonunda sıcaklık hızla artacaktır.
f) Derhal ateşten alın.
g) Tuz ve fıstıkları karıştırıp fırın tepsisine dökün.
ğ) Bir saat buzdolabında bekletin.
h) Keskin bir bıçakla istenilen büyüklükte parçalar halinde kesilir.
ı) Oda sıcaklığında saklayın.

67.Tereyağlı Rum Karamelleri

İÇİNDEKİLER:

- Yağlama için bitkisel yağ
- 2 su bardağı paketlenmiş açık kahverengi şeker
- 1 bardak ağır krema
- ¼ fincan tuzsuz tereyağı
- ¼ çay kaşığı tuz
- ¼ bardak artı 1 çay kaşığı koyu rom
- ¼ çay kaşığı vanilya
- Özel ekipman: parşömen kağıdı; şeker veya derin yağ termometresi

TALİMATLAR:

a) 8 inçlik kare bir fırın tepsisinin altını ve yanlarını parşömen kağıdı ve yağlı parşömenle hizalayın.

b) Esmer şekeri, kremayı, tereyağını, tuzu ve ¼ fincan romu 3 ila 4 litrelik ağır bir tencerede kaynatın, tereyağı eriyene kadar karıştırın, ardından orta ateşte, sık sık karıştırarak termometre 248°F'yi gösterene kadar kaynatın. yaklaşık 15 dakika boyunca. Ateşten alıp vanilyayı ve kalan çay kaşığı romu ekleyip karıştırın. Fırın tepsisine dökün ve sertleşinceye kadar 1 ila 2 saat boyunca tamamen soğutun.

c) Karameli bir kesme tahtası üzerine ters çevirin, ardından parşömenleri atın ve karamelin parlak tarafı yukarı bakacak şekilde çevirin. 1 inçlik karelere kesin.

68.Espresso Likör Karamelleri

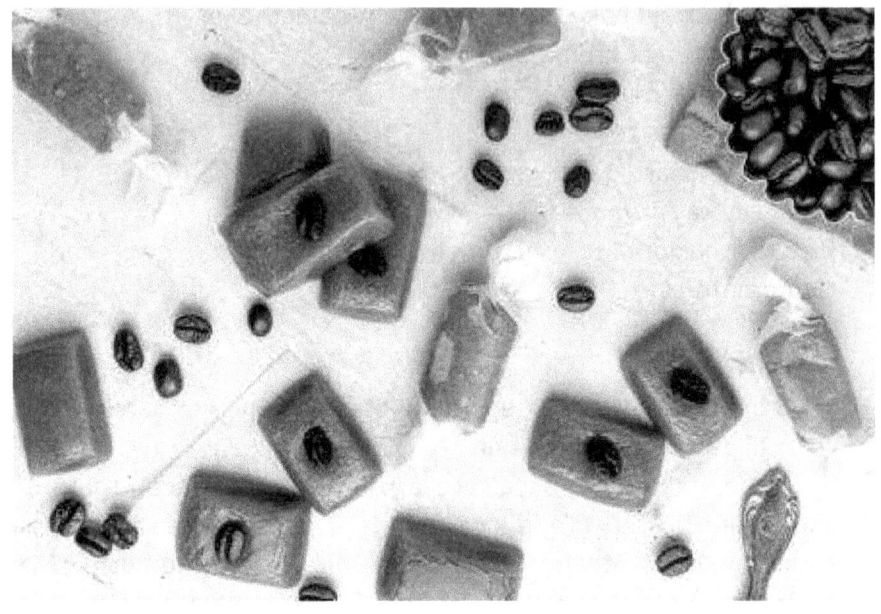

İÇİNDEKİLER:
- ½ bardak su
- 1⅓ bardak mısır şurubu
- ⅓ bardak bal
- 2⅛ su bardağı şeker
- 2 tutam deniz tuzu
- 8 yemek kaşığı tereyağı
- 2 su bardağı ağır krem şanti
- ¼ fincan espresso telvesi
- 14 onsluk şekerli yoğunlaştırılmış süt kutusu
- 4 çay kaşığı espresso likörü

TALİMATLAR:

a) Bir lavaboyu veya büyük boy bir kaseyi önceden buzlu suyla doldurun.

b) Ağır dipli 4 litrelik bir tencerede su, mısır şurubu, bal, şeker ve deniz tuzunu birleştirin. Orta ateşte ısıtın ve şekerin tamamı eriyene ve karışım kaynamaya başlayıncaya kadar 8 şeklinde karıştırın.

c) Karıştırma çubuğunu çıkarın ve suya batırılmış bir pasta fırçasıyla tencerenin kenarlarını yıkayın. Bir şeker termometresi takın ve karışım 250°F'ye ulaşana kadar karıştırmadan pişirin.

ç) Tereyağını dikkatlice ekleyin ve tamamen eriyene kadar karıştırın, ardından yavaş yavaş kremayı ekleyin. Dikkat: Bu, karışımın hızla köpürmesine ve buhar çıkarmasına neden olacaktır. Karıştırma çubuğunu çıkarın ve karışım tekrar 250°F'ye ulaşana kadar pişirin.

d) Ateşten alın ve pişirmeyi durdurmak için tavanın alt yarısını 2 ila 3 saniye buzlu suya batırın. Espresso tellerini karıştırın. Şekerli yoğunlaştırılmış sütü yavaşça karıştırın. Tencereyi tekrar ateşe verin ve karışım bir kez daha 250°F'ye ulaşana kadar şekil 8 düzeninde karıştırarak pişirin. Not: Burada 10 ila 15 dakika karıştıracaksınız, o yüzden rahat olun. Termometre önünüzdeyse, termometreyi tekrar yerleştirmeden önce kabarcık katmanları oluşana kadar bekleyin.

e) Ateşten alın ve pişirmeyi durdurmak için tavanın alt yarısını 2 ila 3 saniye buzlu suya batırın. Karamel içerisine su girmemesine dikkat edin. Tavayı ısıya dayanıklı bir yüzeye havlu üzerine yerleştirin.

f) Espresso likörünü ekleyin ve karıştırmak için hızla karıştırın. Dikkatlice silikon kalıplara veya yağlanmış 9 x 9 inç kare güveç kabına dökün. Kalıbı açmadan veya dikdörtgenler halinde kesmeden önce 8 ila 12 saat boyunca tezgahta rahatsız edilmeden soğumaya bırakın.

g) Karamelleri selofan veya yağlı kağıtta, her iki ucunu kapatacak şekilde bükerek saklayın. Kuru bir yerde muhafaza edilirlerse 4 ila 6 hafta boyunca iyi durumda olacaklardır.

69.Kapuçino Karamelleri

İÇİNDEKİLER:

- 1 su bardağı toz şeker
- 1 bardak ağır krema
- ¼ bardak hafif mısır şurubu
- ¼ fincan tuzsuz tereyağı
- 1 yemek kaşığı hazır kahve granülü
- 1 çay kaşığı vanilya özü
- Serpmek için deniz tuzu gevreği (isteğe bağlı)

TALİMATLAR:

a) 8x8 inçlik bir fırın tepsisini parşömen kağıdıyla hizalayın ve hafifçe yağlayın.

b) Orta-yüksek ateşteki bir tencerede şekeri, kremayı, mısır şurubunu, tereyağını ve hazır kahve granüllerini birleştirin.

c) Şeker eriyene kadar karıştırın, ardından bir şeker termometresi takın ve 118°C'ye (245°F) ulaşana kadar karıştırmadan pişirin.

ç) Ateşten alın, vanilya özünü ilave edin ve karamelleri hazırlanan tavaya dökün.

d) Birkaç saat veya sertleşene kadar soğumaya bırakın.

e) İstenirse deniz tuzu serpin ve karamel halinde kesin.

70.Tuzlu Viski Karamelleri

İÇİNDEKİLER:

- 5 yemek kaşığı tereyağı
- 1 su bardağı ağır krem şanti
- ¼ bardak viski
- 1 çay kaşığı vanilya
- ¼ çay kaşığı koşer tuzu
- 1 ½ su bardağı şeker
- ¼ bardak hafif mısır şurubu
- ¼ bardak su
- Serpmek için ½ yemek kaşığı koşer tuzu

TALİMATLAR:

a) 9 inçlik kare bir tavayı parşömen veya balmumu kağıdıyla hizalayın ve kağıdın iki tarafa asılmasını sağlayın; pişirme spreyi ile hafifçe püskürtün.

b) 1 litrelik bir tencerede tereyağını, yoğun krem şantiyi, viskiyi, vanilyayı ve ¼ çay kaşığı tuzu sık sık karıştırarak kaynatıncaya kadar ısıtın. Ateşten alın; bir kenara koyun.

c) 3 litrelik bir tencerede şekeri, mısır şurubunu ve suyu karıştırın. Orta-yüksek ateşte kaynayana kadar ısıtın. KARIŞTIRMAYIN. Şeker sıcak, altın rengi bir kahverengiye dönene kadar kaynatın.

ç) Şeker karışımı kıvama gelince ocağı kapatın ve kremalı karışımı yavaş yavaş şekerli karışıma ekleyin. Dikkatli olun, şiddetli bir şekilde patlayacak. Karışım şeker termometresinde 248 derece F'ye ulaşana kadar yaklaşık 10 dakika orta-düşük ateşte pişirin.

d) Karameli tavaya dökün; 10 dakika soğutun.

e) 1 yemek kaşığı kadar tuz serpin; tamamen soğutun.

f) Kareler halinde kesin; parşömen kağıdına ayrı ayrı sarın.

71. Hindistan Cevizli Karamel Kümeleri

İÇİNDEKİLER:
- 1 su bardağı kıyılmış hindistan cevizi
- 1 bardak karamelli şeker, ambalajsız
- 1 yemek kaşığı hindistancevizi yağı
- Deniz tuzu (isteğe bağlı)

TALİMATLAR:
a) Bir fırın tepsisini parşömen kağıdıyla hizalayın.
b) Orta ateşte bir tavada, kıyılmış hindistan cevizini, yanmayı önlemek için sık sık karıştırarak altın rengi kahverengi olana kadar kızartın. Isıdan çıkarın ve hafifçe soğumasını bekleyin.
c) Mikrodalgaya dayanıklı bir kapta karamelli şekerleri ve hindistancevizi yağını birleştirin. Karameller eriyip pürüzsüz hale gelinceye kadar arada karıştırarak 30 saniyelik aralıklarla mikrodalgada ısıtın.
ç) Kızartılmış hindistan cevizini eritilmiş karamelin içine iyice birleşene kadar karıştırın.
d) Hazırlanan fırın tepsisine karamel-hindistan cevizi karışımından kaşık dolusu damlatın.
e) İsteğe bağlı: Hala sıcakken salkımların üzerine deniz tuzu serpin.
f) Kümeleri soğumaya bırakın ve oda sıcaklığında veya buzdolabında bekletin.
g) Ayarlandıktan sonra fırın tepsisinden çıkarın ve hava geçirmez bir kapta saklayın.
ğ) Ev yapımı hindistan cevizi karamel kümelerinizin tadını çıkarın!

72.Karamelli Elma Lolipopları

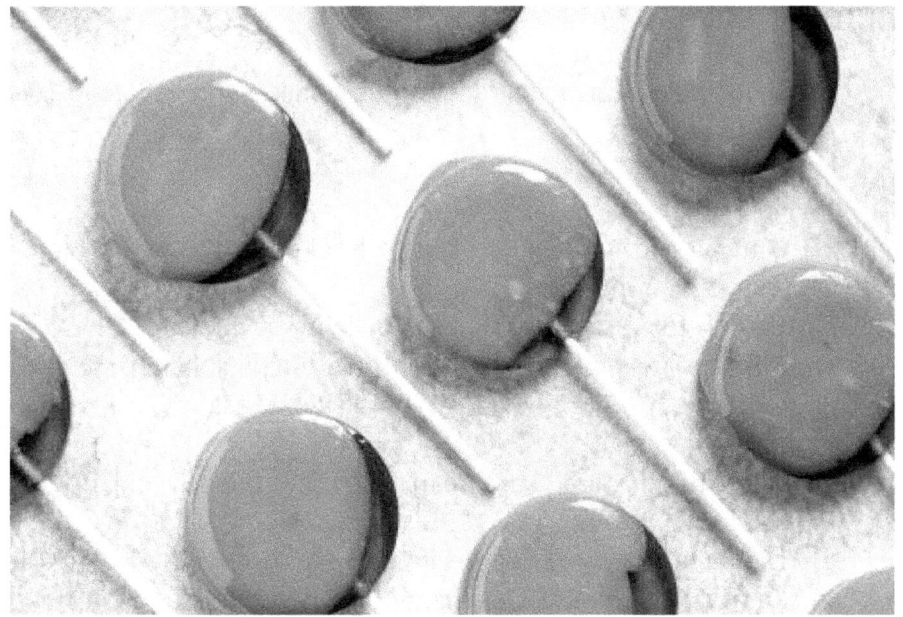

İÇİNDEKİLER:

- 4 büyük elma (herhangi bir çeşit)
- 1 bardak karamelli şeker, ambalajsız
- Lolipop çubukları
- Seçtiğiniz malzemeler (doğranmış fındık, sprinkles, mini çikolata parçaları vb.)

TALİMATLAR:

a) Elmaları iyice yıkayıp kurulayın. Her elmanın kök ucuna bir lolipop çubuğu yerleştirin.

b) Bir fırın tepsisini parşömen kağıdıyla hizalayın.

c) Mikrodalgaya dayanıklı bir kapta karamelli şekerleri 30 saniyelik aralıklarla, pürüzsüz ve kremsi bir kıvama gelinceye kadar arada karıştırarak eritin.

ç) Her elmayı eritilmiş karamelin içine batırın ve eşit şekilde kaplayın. Fazla karamelin damlamasına izin verin.

d) İsteğe bağlı: Karamel kaplı elmaları istediğiniz sosla yuvarlayın.

e) Karamelli elmaları hazırlanan fırın tepsisine yerleştirin ve soğumaya bırakın ve oda sıcaklığında veya buzdolabında bekletin.

f) Ayarlandıktan sonra lezzetli karamelli elma lolipoplarınızın tadını çıkarın!

73. Karamelli Fındık Salkımları

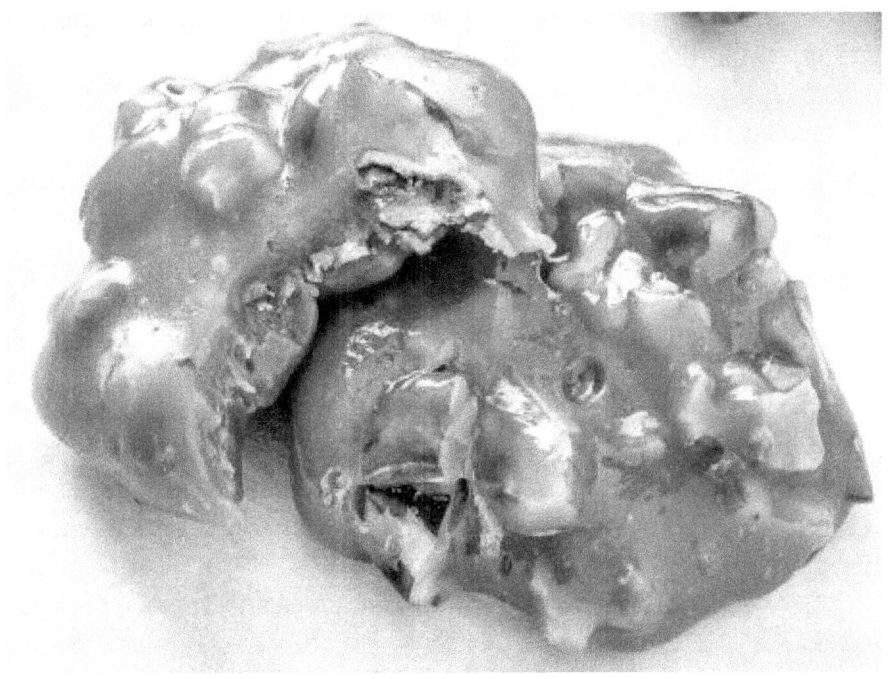

İÇİNDEKİLER:
- 1 bardak karamelli şeker, ambalajsız
- 1 su bardağı karışık kuruyemiş (yer fıstığı, badem, kaju gibi)
- Deniz tuzu (isteğe bağlı)

TALİMATLAR:
a) Bir fırın tepsisini parşömen kağıdıyla hizalayın.
b) Mikrodalgaya dayanıklı bir kapta karamelli şekerleri 30 saniyelik aralıklarla, pürüzsüz ve kremsi bir kıvama gelinceye kadar arada karıştırarak eritin.
c) Karışık fındıkları eritilmiş karamelin içine iyice kaplanıncaya kadar karıştırın.
ç) Hazırlanan fırın tepsisine karamel-fındık karışımından kaşık dolusu damlatın.
d) İsteğe bağlı: Hala sıcakken salkımların üzerine deniz tuzu serpin.
e) Kümeleri soğumaya bırakın ve oda sıcaklığında veya buzdolabında bekletin.
f) Ayarlandıktan sonra fırın tepsisinden çıkarın ve hava geçirmez bir kapta saklayın.
g) Ev yapımı karamelli fındık kümelerinizin tadını çıkarın!

74.Karamelli Marshmallow Pops

İÇİNDEKİLER:

- Büyük marshmallow
- Karamelli şekerlemeler, ambalajsız
- Lolipop çubukları
- İsteğe bağlı süslemeler (çikolata parçacıkları, ezilmiş kurabiyeler, serpmeler vb.)

TALİMATLAR:

a) Her marshmallowun içine bir lolipop çubuğu yerleştirin.
b) Bir fırın tepsisini parşömen kağıdıyla hizalayın.
c) Mikrodalgaya dayanıklı bir kapta karamelli şekerleri 30 saniyelik aralıklarla, pürüzsüz ve kremsi bir kıvama gelinceye kadar arada karıştırarak eritin.
ç) Her bir marshmallow'u erimiş karamelin içine batırın ve eşit şekilde kaplayacak şekilde çevirin. Fazla karamelin damlamasına izin verin.
d) İsteğe bağlı: Karamel kaplı marshmallow'ları istediğiniz soslarla yuvarlayın.
e) Marshmallow pop'larını hazırlanan fırın tepsisine yerleştirin ve soğumasını bekleyin ve oda sıcaklığında veya buzdolabında bekletin.
f) Ayarlandıktan sonra enfes karamelli lokumların tadını çıkarın!

Baharatlar

75.Tuzlu Karamelli Ganaj

İÇİNDEKİLER:

- 8 ons (225g) bitter çikolata, ince doğranmış
- 1 su bardağı (240ml) krema
- ½ su bardağı (120ml)tuzlu karamel sosu

TALİMATLAR:

a) İnce doğranmış bitter çikolatayı ısıya dayanıklı bir kaseye koyun ve bir kenara koyun.
b) Küçük bir tencerede, ağır kremayı orta ateşte kaynamaya başlayıncaya kadar ısıtın. Kaynamasına izin vermeyin.
c) Tencereyi ocaktan alın ve sıcak kremayı doğranmış çikolatanın üzerine dökün.
ç) Çikolatanın yumuşamasını sağlamak için karışımı 1-2 dakika karıştırmadan bekletin.
d) tamamen eriyene ve ganaj pürüzsüz ve parlak hale gelinceye kadar karışımı yavaşça karıştırın .
e) Tuzlu karamel sosunu ganajın üzerine ekleyin ve iyice birleşene kadar karıştırın.
f) Ganajın oda sıcaklığında yaklaşık 30 dakika soğumasını bekleyin, ardından üzerini plastik ambalajla örtün ve en az 2 saat veya sertleşene kadar buzdolabında saklayın.
g) Ganaj soğuyup sertleştikten sonra kek, kek veya hamur işlerinde dolgu olarak kullanabilirsiniz. Ayrıca dondurma, brownie veya kurabiye gibi tatlıların üzerine konulacak veya gezdirilecek şekilde de kullanılabilir.

76.Karamelli Krema

İÇİNDEKİLER:

- 1½ bardak tuzsuz tereyağı, yumuşatılmış
- 4 su bardağı pudra şekeri
- ¼ bardak karamel sosu (mağazadan satın alınmış veya ev yapımı)
- 1 çay kaşığı vanilya özü

TALİMATLAR:

a) Büyük bir karıştırma kabında yumuşatılmış tereyağını kremsi ve pürüzsüz hale gelinceye kadar çırpın.

b) Her eklemeden sonra iyice çırparak, her seferinde bir bardak olacak şekilde pudra şekerini yavaş yavaş ekleyin.

c) Karamel sosu ve vanilya özütünü karıştırın ve krema hafif ve kabarık hale gelinceye kadar çırpmaya devam edin.

77.Karamelize Beyaz Çikolatalı Ganaj

İÇİNDEKİLER:
- 8 ons beyaz çikolata
- Bir tutam deniz tuzu

TALİMATLAR:
a) Fırınınızı 250° F'ye (120°C) önceden ısıtın.
b) Beyaz çikolatayı parşömen kağıdıyla kaplı bir fırın tepsisine yerleştirin.
c) Çikolatanın üzerine bir tutam deniz tuzu serpin.
ç) Çikolatayı, altın rengi kahverengiye dönene ve karamelize olana kadar her 10 dakikada bir karıştırarak yaklaşık 1 saat pişirin.
d) Çikolatayı fırından çıkarın ve tamamen soğumasını bekleyin.
e) Karamelize edilmiş beyaz çikolatayı ince ince doğrayın.
f) Isıya dayanıklı bir kapta, karamelize beyaz çikolatanın üzerine 1 bardak (240 ml) kaynayan kremayı dökün.
g) Çikolata tamamen eriyene ve pürüzsüz hale gelinceye kadar karıştırın.
ğ) Kullanmadan önce ganajın biraz soğumasını bekleyin.

78.Dalgona Karamel Sos

İÇİNDEKİLER:

- ½ su bardağı toz şeker
- 2 yemek kaşığı su
- ¼ bardak ağır krema
- ¼ çay kaşığı vanilya özü

TALİMATLAR:

a) Küçük bir tencerede şekeri ve suyu orta ateşte birleştirin.
b) Şeker eriyene ve karışım kabarcıklanmaya başlayana kadar sürekli karıştırın.
c) Isıyı en aza indirin ve altın karamel rengine dönüşene kadar yaklaşık 5-7 dakika kaynamaya bırakın.
ç) Tencereyi ocaktan alın ve sürekli çırparak ağır kremayı yavaşça dökün. Karışım kuvvetli bir şekilde köpüreceğinden dikkatli olun .
d) Vanilya ekstraktını ekleyin ve iyice birleşene kadar karıştırın.
e) Dalgona karamel sosunu bir kavanoza veya kaba aktarmadan önce soğumasını bekleyin.
f) Dondurma veya keklerin üzerine sos olarak servis yapın veya en sevdiğiniz tatlıların üzerine gezdirin.

79.Tutku meyveli karamel sosu

İÇİNDEKİLER:

- 2 su bardağı şeker
- ½ bardak su
- 2 çay kaşığı hafif mısır şurubu
- 1⅓ bardak çarkıfelek meyvesi püresi
- 4 yemek kaşığı tuzsuz tereyağı, parçalar halinde kesilmiş
- ½ çay kaşığı koşer tuzu

TALİMATLAR:

a) Ağır dipli büyük bir tencerede şekeri, suyu ve mısır şurubunu birleştirin. Orta ateşte kaynamaya bırakın, şekeri eritmek için karıştırın ve ara sıra ıslak bir pasta fırçasıyla tavanın kenarlarını fırçalayarak şeker kristallerini yıkayın.

b) Isıyı orta-yüksek seviyeye yükseltin ve şurup koyu kehribar rengi olana kadar yaklaşık 8 dakika karıştırmadan kaynamaya bırakın.

c) Tavayı ocaktan alın. Çarkıfelek meyvesi püresini dikkatlice ekleyin (kabarıp sıçrayacaktır, bu yüzden dökerken dikkatli olun), tereyağını, tuzu ekleyin ve mümkün olduğunca karıştırmak için çırpın (karamel biraz sertleşecektir).

ç) Tavayı orta-düşük ısıya getirin, kaynatın ve karamel eriyene ve sos pürüzsüz hale gelinceye kadar karıştırarak pişirin. Ateşten alıp soğumaya bırakın. Buzdolabında hava geçirmez bir kapta saklanan sos, 10 güne kadar saklanabilir.

d) Sosu ılık veya oda sıcaklığında servis edin.

80.Kahlua karamel sosu

İÇİNDEKİLER:

- 1 su bardağı toz şeker
- ¼ bardak su
- ½ bardak ağır krema
- 2 yemek kaşığı tuzsuz tereyağı
- ¼ bardak Kahlua
- ½ çay kaşığı vanilya özü
- Bir tutam tuz

TALİMATLAR:

a) Küçük bir tencerede toz şeker ve suyu birleştirin. Orta-yüksek ateşte, şeker eriyene kadar ara sıra karıştırarak ısıtın.

b) Şeker eridikten sonra karıştırmayı bırakın ve karışımın kaynamasını bekleyin. Karışım koyu kehribar rengine dönene kadar karıştırmadan pişirmeye devam edin. Çabuk olabileceği için karamelleri yakmamaya dikkat edin.

c) Karamel istenilen renge ulaştığında tencereyi ocaktan alın ve kremayı dikkatli bir şekilde çırpın. Karışım köpürecektir, dikkatli olun.

ç) Tencereyi kısık ateşe alıp tereyağını ekleyin. Tereyağı eriyene ve tamamen karışana kadar karıştırın.

d) Tencereyi ocaktan alın ve Kahlua, vanilya özü ve bir tutam tuzu ekleyip karıştırın. Pürüzsüz ve iyice birleşene kadar karıştırın.

e) Kahlua karamel sosunu bir kavanoza veya kaba aktarmadan önce birkaç dakika soğumaya bırakın.

f) Sos soğudukça koyulaşacaktır. Çok kalınlaşırsa mikrodalgada veya ocakta hafifçe tekrar ısıtabilirsiniz.

g) Kahlua karamel sosunu dondurma, krep, waffle, tatlı veya seçtiğiniz diğer tatlı ikramların üzerine koymak için kullanın.

81. Karamelli Pekan Sosu

İÇİNDEKİLER:
- ½ fincan Sıkıca paketlenmiş kahverengi şeker
- ½ bardak Hafif mısır şurubu
- ¼ bardak Süt içermeyen margarin
- ½ su bardağı kıyılmış ceviz
- 1 çay kaşığı Vanilya

TALİMATLAR:

a) Orta-yüksek ateşte küçük bir tencerede, sıkıca paketlenmiş kahverengi şekeri, hafif mısır şurubunu ve süt içermeyen margarini birleştirin. Sürekli karıştırın ve karışımı tamamen kaynatın.

b) Karışımı 1 dakika boyunca sürekli karıştırmaya devam ederek kaynamaya bırakın.

c) Tencereyi ocaktan alın ve doğranmış cevizleri ve vanilyayı iyice birleşene kadar karıştırın.

ç) Süt içermeyen karamelli dondurma sosunu, en sevdiğiniz süt içermeyen dondurma veya tatlının üzerine sıcak olarak servis edin.

d) İkramlarınız için enfes bir sos olarak sosunuzun tadını çıkarın!

82. Kahve-Karamel Sos

İÇİNDEKİLER:

- 2 su bardağı paketlenmiş esmer şeker
- ¾ fincan Çok sert demlenmiş kahve
- ¾ bardak Ağır (çırpılmış) krema

TALİMATLAR:

a) Küçük bir tencerede tüm malzemeleri birleştirin.
b) Tencereyi orta ateşe koyun ve karışımı kaynatın.
c) başladıktan sonra ısıyı azaltın ve şeker termometresinde yaklaşık 110°C olan yumuşak top aşamasının hemen öncesine kadar pişirin. Bu yaklaşık 15 dakika sürmelidir.
ç) Tencereyi ocaktan alın.
d) Kahve karamel sosunu hemen servis edebileceğiniz gibi, dilerseniz soğumaya bırakıp üzerini kapatarak da servis edebilirsiniz. Birkaç ay içinde soğutun ve kullanın.
e) Bu nefis kahve-karamel sosu, dondurma, kek veya diğer tatlıların üzerine serpmek için idealdir. Eğlence!

83.Mandalina Karamel Sosu

İÇİNDEKİLER:

- ½ fincan Ağır krema
- ¾ bardak mandalina suyu, süzülmüş
- 1 ¾ su bardağı Şeker
- ¾ bardak Su
- 5 yemek kaşığı Soğuk tuzsuz tereyağı, parçalar halinde kesilmiş
- 1 çay kaşığı Vanilya özü
- ⅛ çay kaşığı Tuz
- 2 yemek kaşığı Brendi veya burbon

TALİMATLAR:

a) Yoğun kremayı ve süzülmüş mandalina suyunu bir kasede karıştırın ve kaynama noktasına gelene kadar ısıtın. Bu karışımı sıcak tutun.

b) Ayrı bir tencerede şekeri ve suyu birleştirin. Tencerenin kapağını kapatın ve karışımı orta ateşte karıştırarak pişirin.

c) Kaynamaya başladıktan sonra tencerenin kapağını açın ve kaynamayı sürdürmek için ısıyı biraz artırın. Karıştırmayın, ancak tavanın kenarlarına yapışan şeker kristallerini temizlemek için suya batırılmış bir hamur fırçası kullanın.

ç) Şurup yavaş yavaş altın kahverengiye dönerken tavayı dikkatlice izleyin. Sabırlı olun ve gerektiğinde tavayı ara sıra çevirin. Bu süreç biraz zaman almalıdır.

d) Tencereyi ocaktan alın ve sürekli karıştırarak ılık krema-mandalina karışımını yavaş yavaş dökün. Karışımın hızla köpürmesine hazırlıklı olun, bu nedenle dikkatlice karıştırın.

e) birleşene kadar soğuk tuzsuz tereyağını yavaş yavaş çırpın.

f) Tatlandırmak için vanilya özü, tuz ve brendi veya burbonu karıştırın.

g) Mandalina karamel sosunu buzdolabında üstü kapalı olarak saklayın ve süresiz olarak saklayabilirsiniz. En sevdiğiniz tatlıların üzerine sıcak veya soğuk olarak servis yapın.

ğ) Bu enfes mandalinalı karamel sosu, tatlı ikramlarınıza narenciye aroması katıyor. Eğlence!

84. Göksel Karamel Sos

İÇİNDEKİLER:
- 10 yemek kaşığı Tuzsuz tereyağı
- 2 su bardağı esmer şeker (paketlenmiş)
- 1 su bardağı Light mısır şurubu
- 1 çay kaşığı Tuz
- 1 su bardağı krem şanti
- 3 yemek kaşığı koyu rom

TALİMATLAR:
a) Orta boy bir tencerede tereyağını, paketlenmiş açık kahverengi şekeri, mısır şurubunu ve tuzu birleştirin. Karışımı yavaş yavaş orta-yüksek ateşte kaynama noktasına getirin. Şeker tamamen eriyene kadar kaynamaya bırakın, bu yaklaşık 8 dakika sürecektir.

b) Tahta kaşıkla sık sık karıştırarak 2 dakika daha kaynatmaya devam edin.

c) Krem şantiyi ekleyip karıştırın, karışımı tekrar kaynatın ve 2 dakika daha yavaşça kaynamaya bırakın.

ç) Koyu romu dökün ve karışması için iyice karıştırın.

d) Tencereyi ocaktan alıp sosun soğumasını ve koyulaşmasını sağlayın.

e) Soğuduktan sonra göksel karamel sosunu güvenli kapaklı temiz bir cam kavanoza aktarın.

f) Sosu buzdolabında saklayın. Aylarca saklanabilir, ancak çok soğuk ve kalınlaşırsa, kullanmadan önce buzdolabından çıkarıp ısınmasını sağlayın.

85.Karamelli Elma Ezmesi

İÇİNDEKİLER:
- 4 lbs elma (herhangi bir çeşit), soyulmuş, çekirdeği çıkarılmış ve doğranmış
- 1 su bardağı toz şeker
- 1 su bardağı esmer şeker
- 1 yemek kaşığı öğütülmüş tarçın
- 1/2 çay kaşığı öğütülmüş hindistan cevizi
- 1/4 çay kaşığı öğütülmüş karanfil
- 1/4 çay kaşığı tuz
- 1/4 bardak karamel sosu

TALİMATLAR:
a) Doğranmış elmaları yavaş tencereye koyun.
b) Bir kapta toz şeker, esmer şeker, tarçın, hindistan cevizi, karanfil ve tuzu karıştırın.
c) Şeker ve baharat karışımını elmaların üzerine serpin ve eşit şekilde kaplayacak şekilde karıştırın.
ç) Kapağını kapatıp 8-10 saat kadar veya elmalar yumuşayıp karamelize olana kadar kısık ateşte pişirin.
d) Pişmiş elmaları pürüzsüz hale gelinceye kadar püre haline getirmek için bir daldırma blenderi kullanın.
e) Karamel sosunu iyice birleşene kadar karıştırın.
f) Elma ezmesini kavanozlara aktarmadan önce tamamen soğumasını bekleyin.
g) Buzdolabında saklayın ve kızarmış ekmek, krep veya yoğurtta lezzetli karamelli elma tereyağınızın tadını çıkarın!

86.Karamelize Soğan Reçeli

İÇİNDEKİLER:

- 4 büyük soğan, ince dilimlenmiş
- 2 yemek kaşığı zeytinyağı
- 1/4 su bardağı esmer şeker
- 1/4 bardak balzamik sirke
- Tatmak için biber ve tuz
- 1/4 bardak karamel sosu

TALİMATLAR:

a) Zeytinyağını büyük bir tavada orta ateşte ısıtın.

b) Dilimlenmiş soğanları ekleyin ve ara sıra karıştırarak yumuşayıp karamelize olana kadar yaklaşık 20-25 dakika pişirin.

c) Esmer şekeri ve balzamik sirkeyi karıştırın.

ç) 10-15 dakika daha veya soğanlar koyulaşıp reçel kıvamına gelinceye kadar pişirmeye devam edin.

d) Tatmak için tuz ve karabiber ekleyin.

e) Karamel sosunu iyice birleşene kadar karıştırın.

f) Soğan reçelini kavanozlara aktarmadan önce tamamen soğumasını bekleyin.

g) Buzdolabında saklayın ve karamelize soğan reçelinizin tadını burgerlerde, sandviçlerde veya peynir tahtalarında çıkarın!

87.Karamelli Barbekü Sosu

İÇİNDEKİLER:
- 1 bardak ketçap
- 1/2 su bardağı esmer şeker
- 1/4 su bardağı elma sirkesi
- 2 yemek kaşığı Worcestershire sosu
- 1 yemek kaşığı Dijon hardalı
- 1/2 çay kaşığı sarımsak tozu
- 1/2 çay kaşığı soğan tozu
- 1/4 çay kaşığı füme kırmızı biber
- Tatmak için biber ve tuz
- 1/4 bardak karamel sosu

TALİMATLAR:
a) Bir tencerede ketçap, esmer şeker, elma sirkesi, Worcestershire sosu, Dijon hardalı, sarımsak tozu, soğan tozu, füme kırmızı biber, tuz ve karabiberi birleştirin.

b) Karışımı orta ateşte kaynama noktasına getirin.

c) Isıyı en aza indirin ve ara sıra karıştırarak 15-20 dakika, sos koyulaşana kadar pişirin.

ç) Karamel sosunu iyice birleşene kadar karıştırın.

d) Barbekü sosunu kavanozlara aktarmadan önce tamamen soğumasını bekleyin.

e) Buzdolabında saklayın ve lezzetli karamelli Barbekü sosunuzu ızgara etlerin üzerinde veya dip sos olarak tadını çıkarın!

88.Karamelize İncir Reçeli

İÇİNDEKİLER:
- 1 lb taze incir, sapları alınmış ve dörde bölünmüş
- 1/2 su bardağı toz şeker
- 1/4 su bardağı su
- 1 yemek kaşığı limon suyu
- 1/4 bardak karamel sosu

TALİMATLAR:
a) Bir tencerede incir, toz şeker, su ve limon suyunu birleştirin.
b) Karışımı orta ateşte kaynatın.
c) Isıyı en aza indirin ve incirler yumuşayıncaya ve karışım koyulaşıncaya kadar ara sıra karıştırarak 30-40 dakika pişirin.
ç) Tencereyi ocaktan alın ve karışımın hafifçe soğumasını bekleyin.
d) Karışımı bir blender veya mutfak robotuna aktarın ve pürüzsüz hale gelinceye kadar karıştırın.
e) Karamel sosunu iyice birleşene kadar karıştırın.
f) İncir reçelini kavanozlara aktarmadan önce tamamen soğumasını bekleyin.
g) Buzdolabında saklayın ve karamelize incir reçelinizin tadını kızarmış ekmek, kraker veya peynir tabağında çıkarın!

KOKTEYLLER VE MOKTEYLLER

89.Dalgona Karamelli Frappuccino

İÇİNDEKİLER:
- 2 yemek kaşığı hazır kahve
- 2 yemek kaşığı şeker
- 2 yemek kaşığı sıcak su
- 1 bardak süt
- 1 bardak buz
- 2 yemek kaşığı karamel sosu

TALİMATLAR:

a) Bir kasede hazır kahveyi, şekeri ve sıcak suyu koyulaşıp köpürene kadar çırpın.

b) Bir karıştırıcıda çırpılmış Dalgona karışımını, sütü, buzu ve karamel sosunu birleştirin.

c) Pürüzsüz olana kadar karıştır.

ç) Bir bardağa dökün ve istenirse ekstra karamel sosu gezdirin.

90.Tuzlu Karamelli Beyaz Sıcak Kakao

İÇİNDEKİLER:
- 4 bardak tam yağlı süt
- 5 ons beyaz çikolata parçacıkları
- 3 yemek kaşığı karamel sosu
- ¼ çay kaşığı deniz tuzu

TALİMATLAR:
a) Çoklu Pişiricinizi önceden ısıtın.
b) Dört bardak tam yağlı sütü dökün.
c) Beş ons beyaz çikolata parçacıkları, 3 yemek kaşığı karamel sosu ve ¼ çay kaşığı deniz tuzu ekleyin.
ç) Yaklaşık 10 dakika pişirin, ardından Çoklu Pişiriciyi sıcak ayarına getirin.
d) Beyaz sıcak kakaoyu kahve kupalarına dökmek için bir kepçe kullanın.
e) Her porsiyonun üzerine çırpılmış krema, biraz karamel sos ve bir tutam deniz tuzu ekleyin. Eğlence!

91. Baileys Tuzlu Karamelli Martini Kokteyli

İÇİNDEKİLER:
- 100 ml Baileys Tuzlu Karamelli İrlanda Kreması
- 3 yemek kaşığı karamel sosu (damak tadınıza göre ayarlayın)
- 50 ml votka
- 100 mi krema
- 2 avuç buz
- Deniz tuzu gevreği
- Bitter veya sütlü çikolata parçacıkları, bukleler veya sigarillolar
- Yenilebilir parıltı ve altın varak

TALİMATLAR:
a) Karamel sosunu iki küçük kupa bardağın kenarlarına yavaşça kaşıkla veya dökerek damlamasını ve çiselemesini sağlayın.

b) Bardaklara altın varak eklemek için küçük, kuru bir boya fırçası kullanın.

c) Bir kokteyl çalkalayıcıda Baileys Tuzlu Karamelini ve kalan karamel sosunu pürüzsüz hale gelinceye kadar karıştırın.

ç) Çalkalayıcıya votka, krema ve bol miktarda buz ekleyin. Karamel sosunu çözmek için kuvvetlice çalkalayın, ardından karışımı hazırlanan bardaklara süzün.

d) Kokteyllerin üzerini çikolata parçacıkları, yenilebilir simler ve istediğiniz deniz tuzu parçacıklarıyla süsleyerek bitirin. Hoşgörülü Baileys Tuzlu Karamelli Martini Kokteylinizin tadını çıkarın!

92. Yanmış Karamel Manhattan

İÇİNDEKİLER:
- 2 ons burbon
- ¼ ons tatlı vermut
- ¼ ons tereyağlı schnapps
- ½ ons ahududu Chambord
- 3 dilim Angostura bitteri
- 2 kiraz

TALİMATLAR:
a) Bir kokteyl bardağını buz ve suyla soğutarak başlayın.

b) Çalkalayıcıyı buzla doldurun ve ardından tüm sıvı malzemeleri ekleyin.

c) Karışımı yaklaşık 30 saniye boyunca kuvvetlice çalkalayın. Çalkalama, kokteylde enfes buz parçacıkları yaratacaktır.

ç) Karışımın damak zevkinize uygun olduğundan emin olmak için tadın , ardından soğutulmuş kokteyl bardağına süzün ve "doğrudan" servis yapın.

93.Karamelli Elmalı Martini

İÇİNDEKİLER:

- 2 ons vanilya votkası
- 1 ons ekşi elma likörü
- 1 oz karamel şurubu
- buz
- Garnitür için elma dilimi

TALİMATLAR:

a) Kokteyl çalkalayıcısını buzla doldurun.
b) Vanilya votkasını, ekşi elma likörünü ve karamel şurubunu çalkalayıcıya ekleyin.
c) Soğuyana kadar iyice çalkalayın.
ç) Karışımı soğutulmuş bir martini bardağına süzün.
d) Bir dilim elma ile süsleyin.
e) Serinletici karamelli elmalı martininin tadını çıkarın!

94.Karamel Beyaz Rus

İÇİNDEKİLER:

- 1 1/2 ons votka
- 1 ons kahve likörü
- 1 oz karamel şurubu
- 2 ons ağır krema
- buz

TALİMATLAR:

a) Bir kaya bardağını buzla doldurun.
b) Votka ve kahve likörünü dökün.
c) Karamel şurubunu karıştırın.
ç) Ağır kremayı kaşığın arkasına yavaşça dökün ve üstte yüzdürün.
d) Kremalı karamelli beyaz Rus'unuzu servis edin ve tadını çıkarın!

95.Karamelli Espresso Martini

İÇİNDEKİLER:

- 1 1/2 ons votka
- 1 ons kahve likörü
- 1/2 ons karamel şurubu
- 1 oz. taze demlenmiş espresso
- buz
- Süslemek için kahve çekirdekleri

TALİMATLAR:

a) Bir çalkalayıcıyı buzla doldurun.
b) Çalkalayıcıya votka, kahve likörü, karamel şurubu ve taze demlenmiş espressoyu ekleyin.
c) Soğuyana kadar iyice çalkalayın.
ç) Karışımı soğutulmuş bir martini bardağına süzün.
d) Birkaç kahve çekirdeğiyle süsleyin.
e) Hoşgörülü karamelli espresso martini'nizin tadını çıkarın!

96.Tuzlu Karamel Kremalı Soda

İÇİNDEKİLER:
- 2 ons karamel şurubu
- 4 oz kremalı soda
- 2 ons kulüp sodası
- buz
- Süslemek için krem şanti
- Süslemek için karamel sos

TALİMATLAR:
a) Bir bardağı buzla doldurun.
b) Karamel şurubunu dökün.
c) Kremalı soda ve kulüp sodasını ekleyin, birleştirmek için hafifçe karıştırın.
ç) Üstüne çırpılmış krema ekleyin.
d) Karamel sosunu çırpılmış kremanın üzerine gezdirin.

97.Karamelize Ananaslı Rum Punch

İÇİNDEKİLER:

- 2 oz koyu rom
- 4 ons ananas suyu
- 1 oz karamel şurubu
- 1/2 ons limon suyu
- Garnitür için ananas dilimi
- Garnitür için Maraschino kirazı

TALİMATLAR:

a) Kokteyl çalkalayıcısını buzla doldurun.
b) Çalkalayıcıya koyu rom, ananas suyu, karamel şurubu ve limon suyunu ekleyin.
c) Soğuyana kadar iyice çalkalayın.
ç) Karışımı buzla dolu bir bardağa süzün.
d) Ananas dilimleri ve kiraz likörü kirazıyla süsleyin.
e) Tropikal karamelize ananas romlu kokteylinizin tadını çıkarın!

98. Karamelli Mocha Martini

İÇİNDEKİLER:
- 1 1/2 ons votka
- 1 ons kahve likörü
- 1 ons çikolata likörü
- 1/2 ons karamel şurubu
- buz
- Süslemek için çikolata parçacıkları

TALİMATLAR:
a) Bir çalkalayıcıyı buzla doldurun.
b) Çalkalayıcıya votka, kahve likörü, çikolata likörü ve karamel şurubunu ekleyin.
c) Soğuyana kadar iyice çalkalayın.
ç) Karışımı soğutulmuş bir martini bardağına süzün.
d) Çikolata parçacıklarıyla süsleyin.
e) Çöken karamelli mocha martini'nizin tadını çıkarın!

99. Karamelize Armut Mojito

İÇİNDEKİLER:

- 1 1/2 ons beyaz rom
- 1/2 ons karamel şurubu
- 1/2 ons limon suyu
- 4-6 nane yaprağı
- 2 oz. armut suyu
- Kulüp sodası
- Garnitür için armut dilimi

TALİMATLAR:

a) Bir bardakta nane yapraklarını limon suyu ve karamel şurubu ile karıştırın.
b) Bardağı buzla doldurun.
c) Beyaz rom ve armut suyunu bardağa ekleyin.
ç) Üstüne kulüp sodası ekleyin ve birleştirmek için hafifçe karıştırın.
d) Bir dilim armutla süsleyin.
e) Serinletici karamelize armut mojitonuzun tadını çıkarın!

100.Karamelli Elma Maytap

İÇİNDEKİLER:
- 2 ons elma şarabı
- 2 oz zencefilli gazoz
- 1/2 ons karamel şurubu
- buz
- Garnitür için elma dilimi
- Garnitür için tarçın çubuğu

TALİMATLAR:
a) Bir bardağı buzla doldurun.
b) Elma şarabını ve zencefilli gazozu dökün.
c) Karamel şurubunu karıştırın.
ç) Elma dilimi ve tarçın çubuğuyla süsleyin.
d) Kabarcıklı ve canlandırıcı karamelli elmalı maytap kokteylinizin tadını çıkarın!

ÇÖZÜM

"Karamel Çılgınlığı Dünyası"na veda ederken, tadına varılan tatlara, yaratılan anılara ve yol boyunca paylaşılan mutfak maceralarına duyulan memnuniyet ve minnettarlıkla bunu yapıyoruz. Karamel'in çok yönlülüğünü sergileyen 100'den fazla tatlı ve tuzlu yemek aracılığıyla , bu sevilen malzemenin tatlıdan tuzluya ve aradaki her şeye kadar sonsuz olasılıklarını keşfettik.

Ancak yolculuğumuz burada bitmiyor. Yeni keşfedilen ilham ve karamel takdiriyle donanmış olarak mutfaklarımıza döndüğümüzde, bu büyülü malzemeyle denemeye, yenilik yapmaya ve yaratmaya devam edelim. İster bir grup kurabiye pişiriyor , ister sos karıştırıyor, ister iştah açıcı bir yemeğe biraz tatlılık katıyor olalım, bu yemek kitabındaki tarifler gelecek yıllar boyunca neşe ve hoşgörü kaynağı olarak hizmet etsin.

Ve her lezzetli lokmanın tadını çıkarırken, sevdiklerimizle paylaştığımız güzel yemeklerin basit zevklerini ve yeni tatlar ve teknikleri keşfetmenin verdiği hazzı hatırlayalım. Bu lezzetli maceraya bize katıldığınız için teşekkür ederiz. Mutfağınız hep tatlı, sofralarınız hep dolu, kalpleriniz karamelin büyüsüyle hep ısınsın.

www.ingramcontent.com/pod-product-compliance
Lightning Source LLC
Chambersburg PA
CBHW070659120526
44590CB00013BA/1029